Edles Porzellan

Margot Lutze

Edles Porzellan
Rund ums Zwiebelmuster

Fotografiert
von Prof. Erich Lessing

Nach einer Idee
von Heinz Grossman

Inhalt

Vorwort 5

Porzellan aus Asien als Vorbild für Meißen 8

Drachen und Chrysanthemen 26

Hoeroldts gemalte Traumwelten 38

Vom Geschirr zum Service 48

Meißen im Blütenrausch 66

Nymphenburg – die Manufaktur im Schloß 74

Höchst – Sorgenkind der Erzbischöfe 88

KPM – ein König als Fabrikherr 100

Frankenthal – Lieblingskind des Kurfürsten 112

Ludwigsburg – fürstliches Prestigeobjekt 124

Aus Thüringen – bürgerliches Porzellan 136

Ein neuer Stil – kühler Klassizismus 148

Eine Auswahl deutscher Museen mit schönen Sammlungen 156

Personen- und Sachregister 158

Vorwort

Dieses Buch basiert auf der vielteiligen Serie „Rund ums Zwiebelmuster", die in lockerer Folge seit 1984 für das Dritte Fernsehprogramm des Hessischen Rundfunks nach einer Idee von Heinz Grossmann produziert wurde. Etwa sechzehn von inzwischen über zwanzig Folgen wurden zu den zwölf Kapiteln dieses Buches verarbeitet. Ich danke an dieser Stelle meinen Kolleginnen Anna Robeck und Gina Angress-Köhler für die Erlaubnis, ihre Texte in die Kapitel über Höchst, Berlin und Ludwigsburg einzuarbeiten.

Weder die Folgen der Fernsehserie noch dieses Buch sind als vollständige Geschichte der Porzellankunst gedacht, sondern richten sich an den Laien, den Besucher von Museen und Schlössern, wo so viel edles Porzellan des 18. Jahrhunderts versammelt ist und oft so wenig Zeit für eine genaue Betrachtung bleibt. Serie wie Buch sind als Einstieg gedacht, als eine Art Verführung, sich etwas näher mit Porzellan zu beschäftigen, ein Gefühl für Qualität zu bekommen und Entwicklungen und Zusammenhänge zu sehen und zu verstehen. Es ist natürlich nicht ausgeschlossen, daß aus dem anfänglichen Interesse eines Tages eine Liebhaberei und Sammelleidenschaft wird. Denn wer sich einmal intensiv mit Porzellan, seiner Geschichte und seinen Manufakturen beschäftigt hat, den läßt das Thema so schnell nicht mehr los. So wurde auch die Fernsehserie besonders für die Sammler von Antiquitäten konzipiert. Vieles, was dort und in diesem Buch an kulturhistorischer Hintergrundinformation geboten wird, ist in der umfangreichen Fachliteratur verstreut oder nur am Rande zu finden und deshalb für den Laien schwer zugänglich. Insofern setzt sich auch dieses Buch bewußt ab von der für Kenner und Wissenschaftler geschriebenen Fachliteratur. So haben wir zum Beispiel ganz darauf verzichtet, auf das Problem der Marken einzugehen, um denen, die sich dem Thema gerade erst zuwenden nicht den Spaß durch zu viele Detailinformationen zu verderben. Dafür gibt es spezielle Veröffentlichungen.

Wer die Fernsehserie gesehen hat, wird vielleicht manches Stück vermissen, das in den Folgen sein besonderes Interesse geweckt haben mag. Aber alle Stücke der Folgen aufzunehmen, war aus Platzgründen unmöglich.

Trotzdem ist es sicher ein Begleitbuch zur Serie geworden, denn es vertieft manches, was in einer Fernsehsendung nur angedeutet werden kann, und erlaubt vor allem, die Stücke mit allen ihren überraschenden Details in Ruhe auf sich wirken zu lassen.

Margot Lutze

Porzellan…: „Gib acht, laß es nicht fallen, es ist das Hochzeitsgeschirr der Großmama! Ein Stück ist sowieso schon kaputt, und man bekommt es nicht nach." Das war die erste Begegnung mit Porzellan. Die leise Furcht ist geblieben. Die Jugendbücher, zum Geburtstag angehäuft, waren sehr dick und beschrieben Entdeckungen und Erfindungen aller Art, darunter auch Böttgers Entdeckung oder Nachahmung des chinesischen Porzellans. Es war ein langes, schönes Kapitel mit Bildern, die Böttger in seiner Werkstatt zeigten, und die Geschichte der seltenen Erden, des Kaolins, erzählte. Das war die zweite, prägende Begegnung mit Porzellan.

Jahre später, vor einer Museumsvitrine, sagte die geliebte Stimme: „DAS gefällt dir? Diese Kitschfiguren?" „Aber das ist doch der Capitano aus der Commedia dell'Arte." „Ja", sagte die Stimme, „aber dennoch Kitsch!" Da ich sie heiraten wollte, protestierte ich nicht.

Und dann klingelte eines Nachmittags, wieder viele Jahre später, das Telefon und die Stimme des Verlegers sprach: „Wollen Sie ein Buch über Porzellan machen?" „Nein", sagte ich spontan. „Hab' ich noch nie gemacht." „Eben drum", sprach die Stimme, „man muß doch nicht immer griechische Vasen und alte Mauern fotografieren, Porzellan ist doch auch schön". Von weitem hörte ich die Stimme meiner Mutter: 'Paß auf!' und die Stimme meiner Frau: 'Was, diesen Kitsch?', und dann sagte ich: „Also gut, Porzellan."

Damit fingen die Probleme erst an. Wie fotografiert man Porzellan? Es spiegelt ja noch ärger als griechische Vasen und römisches Glas, und ich hatte nur selten gute Bilder gesehen. Mit Hilfe einer kleinen Firma in Florenz und meines Filtermachers in München wurde das Problem gelöst. Mit dem Familienporzellan meiner Frau wurde experimentiert.

Und dann lernte ich in vielen Museen Porzellan kennen, und heute weiß ich, daß ich schon damals meiner Frau hätte antworten sollen: „Schau, das ist kein Kitsch. Wenn man etwas davon versteht, kann man jeden Porzellanmodelleur an der Art, wie er seine Gesichter formt, erkennen." Diese Erkenntnis verdanke ich Margot Lutze, die mich behutsam mit den Schönheiten und Eigenarten der vielen deutschen Manufakturen bekanntgemacht hat. Das Anrühren und Aufstellen habe ich immer ihr überlassen. Es war eine gute und lehrreiche Zusammenarbeit, für die ich sehr dankbar bin. Auch dem Verleger, der mich telefonisch überrumpelt hat, herzlichen Dank und allen Mitarbeitern des Verlages, die sich so viel Mühe gegeben haben, das Buch so zu gestalten, wie es nun geworden ist.

Wenn es dem Käufer beim Lesen und Schauen ebensoviel Freude macht wie mir beim Fotografieren, dann war es alle Mühe wert.

Erich Lessing

Koppchen mit Unterschalen;
China, Epoche K'ang-Hsi,
1662–1722
Schloß Favorite,
Staatliche Schlösser und Gärten,
Karlsruhe

Man nennt sie noch heute Koppchen in Anlehnung an das holländische Wort „Kopje" für Tasse. Diese kleinen, henkellosen Trinkgefäße waren der absolute Renner im Handel mit dem fernen Osten. Zu zehntausenden brachten besonders die Holländer diese Koppchen – anfangs noch ohne Unterteller – nach Europa, platzsparend ineinander gestapelt und bruchsicher verpackt in Tonnen mit Sago als Füllmaterial.

Was an Schüsseln und Schalen in China als Eßgeschirr auf dem Tisch stand, war in Europa, wo die Kunst der Porzellanherstellung noch unbekannt war, lediglich zum Anschauen da. Nur die kleinen Koppchen, aus denen man in China meist Wein trank, wurden auch bei uns wirklich benutzt: man trank den neumodischen Tee daraus. Ihn zum Abkühlen in die Untertasse zu gießen und dann erst zu schlürfen, wie es das Bild im Hintergrund zeigt, war damals allgemein üblich. Das Bild ist übrigens eine Allegorie auf den „Geschmack" aus einer Serie, in der die fünf Sinne Gesicht, Gehör, Geschmack, Geruch und Tastsinn dargestellt werden.

Porzellan aus Asien als Vorbild für Meißen

Ohne das chinesische Porzellan als Vorbild gäbe es kein Porzellan aus Meißen. Lange Zeit konnte man sich das Zustandekommen dieses merkwürdigen Materials „Porzellan" nicht erklären. Es hatte etwas Magisches und Geheimnisvolles. Die ungewohnten Formen und fremdartigen Muster reizten zum Sammeln. Die Landschaften und Darstellungen von Menschen bei den verschiedenartigsten Beschäftigungen brachten den Europäern eine fremde Kultur näher.

Es waren die Portugiesen, die im 16. Jahrhundert als erste Europäer Handelsverträge mit China abschlossen. Seitdem kam auch häufiger chinesisches Porzellan nach Europa. Das hat dann die Holländer auf den Geschmack gebracht, selbst mit Asien Handel zu treiben. Aber erst nachdem sie 1602 ihre eigene Niederländische Ostindienkompanie gegründet hatten, kam Porzellan in immer größeren Mengen auch nach Deutschland.

Natürlich kauften die Agenten der Ostindienkompanie nur ein, was in Europa gefragt war. Selbst Miniaturgefäße gehörten dazu. Sie zeigen die gleiche Form und sorgfältige Dekoration wie die großen Gefäße und könnten durchaus auch als Muster benutzt worden sein. Sie ließen sich auf jeden Fall leicht transportieren und waren dadurch preiswert auf den Markt zu bringen. Trotzdem erhielten auch sie – wie so viele der großen Vasen und Kannen – in Europa eine Metallmontierung, um ihre Kostbarkeit zu unterstreichen.

Die Holländer ließen aber auch europäische Gefäßformen wie Essig- und Ölkännchen oder Salznäpfchen in China herstellen. Sie lieferten dazu den chinesischen Werkstätten die Modelle aus Holz oder Ton.

Der absolute Renner aber waren die kleinen, henkellosen Trinkgefäße, die man hierzulande immer noch in Anlehnung an das holländische Wort als „Koppchen" bezeichnet. Sie wurden anfangs noch ohne Unterteller gehandelt. Zu Zehntausenden brachte man die Koppchen nach Europa. Man konnte sie ja platzsparend und fast bruchsicher in großen Tonnen mit Sago als Füllmaterial verpacken. Sie waren relativ preiswert und wurden selbst für bürgerliche Kreise mit der Zeit erschwinglich.

Manchmal wundert man sich, daß so viel Porzellan den Transport heil überstanden hat. Die Reise nach Europa dauerte immerhin mehr als sechs Monate und war durch die Taifune vor der malaiischen Küste nicht ungefährlich. Porzellan diente in den Schiffen vor allem als zusätzlicher Ballast – das eigentliche Geschäft war der so viel leichtere Tee. Manchmal wurde Porzellan sogar in den Teekisten transportiert oder gar in Reis verpackt. Die erhaltenen Schiffslisten der niederländischen und englischen Ostindienfahrer geben einen Begriff davon, welche Stücke in welchen Stückzahlen bis weit ins 18. Jahrhundert nach Europa gebracht wurden. Kein Wunder also, wenn es viele alte Sammlungen gibt und selbst im Antiquitätenhandel noch einiges zu finden ist.

Die Niederländische Ostindienkompanie mit ihrem Haupthafen Batavia trieb jedoch nicht nur mit China Handel. Zu Ende der Ming-Dynastie (1644) wurden die politischen Verhältnisse so unsicher, daß zwischen 1650 und 1680 der gesamte Ostasienhandel nach Japan verlagert wurde, wo die Holländer als einzige Europäer auf der kleinen Insel Deshima eine Handelsniederlassung unterhalten durften. Nur wenige japanische Kaufleute hatten die Erlaubnis, Waren dorthin zu bringen.

Japan hatte mit der Kunst der Porzellanherstellung von China auch Formen und Dekore übernommen. Seit die Holländer auf das teurere japanische Porzellan zurückgreifen mußten, brachten die Japaner neben den nach chinesischen Vorbildern gefertigten Stücken auch eigene Dekore ins Geschäft.

Die Portugiesen trieben seit dem 16. Jahrhundert Handel mit China und brachten Porzellan von ihren Reisen mit. Das geheimnisvolle Material und die exotischen Dekors faszinierten die Europäer und regten sie zur Nachahmung an. Aber es dauerte noch gut ein Jahrhundert, bis es Johann Friedrich Böttger gelang, Porzellan herzustellen.

Das sind zum einen Dekore im Imaristil. Typisch dafür ist die Kombination der Farben und Techniken: der Dekor liegt teilweise in Blau unter der Glasur und wird ergänzt durch Rot und Gold auf der Glasur. Man hat diese Art der Dekoration zwar nach der Hafenstadt Imari genannt, wo alles Porzellan verladen wurde, doch Porzellan im Imaristil wurde in bestimmten Werkstätten in dem bedeutenden Töpferort Arita hergestellt. Dort entstand in anderen Werkstätten auch Prozellan, das im sogenannten Kakiemonstil dekoriert wurde. Dieser Kakiemonstil ist eine eher sparsame und vor allem ausgesprochen asymmetrische Art der Dekoration mit wenigen Farben – Emailblau, Blaugrün, Rot und Gelb – die um 1665 in der Werkstatt der Familie Kakiemon Sakaida durch Kakiemon V. entwickelt wurde. Dieser Kakiemonstil hatte aufgrund seiner Asymmetrie in der Zeit des beginnenden Rokoko auf die asiatischen Dekore der Meißner Manufaktur einen ungleich stärkeren Einfluß als der so viel prunkvollere Imaristil, der mehr dem Geschmack der Barockzeit entsprach.

Nach 1680 lieferte auch China wieder Porzellan nach Europa. Um den verlorenen Markt zurückzugewinnen, arbeitete man nun auch in der Art der Japaner. Stücke aus jener Zeit sind oft nicht eindeutig als chinesisch oder japanisch zu erkennen.

Aber die Chinesen übernahmen auch etwas von Europa. Nach 1720 etwa gab es plötzlich Dekore mit fein abgestuften rosa Farbtönen. Es sind die sogenannten „famillerose"-Dekore. Man verwendete dazu eine mit Gold vermischte Purpurfarbe, die in Holland entwickelt worden war. Ein Jesuit soll das Rezept nach China gebracht haben.

In Europa war es unterdessen üblich geworden, das kostbare chinesische Porzellan in ebenso kostbar ausgestatteten Räumen aufzustellen, die man „chinesische" oder „Porzellankabinette" nannte. Sich gleich ein ganzes kleines Schloß dafür bauen zu lassen, haben sich indessen nur wenige geleistet. August der Starke ließ ab 1723 das Japanische Palais zur Aufnahme seiner Porzellansammlung einrichten. Die Markgräfin von Baden begann noch früher. Ihr Schloß Favorite bei Rastatt wurde von Anfang an als „Porzellanschlößchen" nach französischem Vorbild konzipiert und ist das einzige, das sich in Deutschland bis heute erhalten hat.

In Schloß Favorite wird noch heute ein großer Teil der Sammlung asiatischen Porzellans gezeigt, für die das Schloß einst gedacht war. 1710 hatte man mit den Bauarbeiten begonnen. Die Bauherrin Sibylla Augusta, Markgräfin von Baden, war die Witwe des „Türkenlouis". Sie hatte Ludwig Wilhelm mit 16 Jahren geheiratet – die Ehe mit der reichen Erbin hatte der Kaiser vermittelt. Nach dem Tod des Markgrafen 1707 regierte sie zwei Jahrzehnte lang mit Umsicht und Sparsamkeit das vom Krieg verwüstete Land und brachte es zu neuer Blüte. Nur für ihre Leidenschaft, das asiatische Porzellan, gab sie einiges Geld aus. Ihre Sammlung füllte viele Räume in Schloß Favorite. Einige der älteren Stücke hatte sie wohl geerbt, das meiste aber auf der Frankfurter Messe kaufen lassen.

Ihre Sammlung zeigt die ganze Vielfalt dessen, was an Porzellan damals aus Fernost kam. Da gibt es zunächst das Steinzeug aus I-hsing, aus der Nähe von Shanghai. Die Gefäße waren sehr dünnwandig, hart und klingend. Die Masse war dicht, jedoch ohne Glasur und trotzdem wasserundurchlässig. Das kannte man bei braunem Material in Europa nicht. Der Irrtum, dieses Material für Porzellan zu halten, ist darum verständlich. Auch in China kannte man diese Art des Steinzeugs erst seit etwa 1600. Das Material eignete sich für große Gefäße ebenso gut wie für kleine Teekännchen, die in großer Zahl damals nach Europa gebracht wurden und das I-hsing populär machten.

Mindestens genauso beliebt war „Blanc-de-Chine". Dieses reinweiße Porzellan kam aus Südchina, wo man kleine Kultfiguren daraus machte. Auch sie wurden – bemalt und unbemalt – in Europa sehr geschätzt. Eher dickwandig ist eine Gruppe folkloristisch bunter Stücke. Von kleinen Teekännchen bis zu großen „Schultertöpfen" – Gefäßen mit hochgezogener Schulter aber ohne Hals, die in China gewöhnlich als Weinbehälter dienten – ist alles vertreten. Die Hauptfarben dieser Porzellane sind Rot und verschiedene Grüntöne. Bei vielen

Putte mit dem Plan von Schloß Favorite, Deckenfresko

Schloß Favorite, die Sommerresidenz der Markgrafen von Baden, wurde als Porzellanschlößchen erbaut. Damals gehörte das von der Markgräfin Sibylla Augusta gesammelte asiatische Porzellan zur Ausstattung der Räume. Heute ist die zum großen Teil erhaltene Sammlung im zweiten Stock ausgestellt. Dort, auf dem zweiten Emporenumgang der „Sala terrena", findet man diesen Putto.

Stücken sind die Konturen erst geritzt, ehe man sie mit Farbe ausfüllt. Diese Technik der aufgeschmolzenen Farben hat eine lange Tradition in China.

In allen alten Sammlungen chinesischen Porzellans dominiert aber das Blauweiß. Dabei liegt die blaue Farbe unter der Glasur.

Porzellan konnte man in China schon seit 1000 Jahren herstellen. Das notwendige Material – Kaolin und Feldspat – gibt es dort in großen Mengen. Die geformten Stücke wurden meist getrocknet, mit Glasur überzogen und dann erst gebrannt. Auf dieser Glasur wurde gemalt. Fehler während des Bemalens waren leicht korrigierbar, indem man die Farbe einfach abwischte.

Ganz anders ist es mit dem Blau-Weiß-Porzellan: hier wurde die Farbe auf den getrockneten Scherben aufgetragen und danach erst glasiert und gebrannt. Weil die Farbe in den Scherben etwas eindringt, verläuft sie später beim Brand nicht. Die Intensität des Farbtons ist variabel, wodurch die Malerei erst lebendig wirkt. Nur Fehler dürfen beim Bemalen nicht vorkommen, denn einfach abwischen ließ sich die Farbe ohne Glasur nicht mehr.

Die Idee der kobaltblauen Farbe unter der Glasur kam zwar um 1300 aus Persien, doch in China wurde diese Technik so wesentlich verbessert, daß das Unterglasurblau untrennbar mit chinesischem Porzellan verbunden ist.

In Europa gab es derweil immer wieder Versuche, dieses merkwürdige Material Porzellan nachzuahmen. Vor allem dem Geheimnis des Blau-Weißen, das im 17. Jahrhundert auch bei uns als das edelste galt, versuchte man auf die Spur zu kommen. Lange waren die Bemühungen vergeblich, wenn sie auch zu den zumindest äußerlich recht ähnlichen Fayencen der Manufakturen in Delft, Hanau, Frankfurt oder Nürnberg geführt haben.

Johann Friedrich Böttger schließlich gelang es mit Hilfe methodischer Versuchsreihen herauszufinden, woraus asiatisches Porzellan bestand und wie man es machte. Zuerst hatte er sich auf das I-hsing-Steinzeug konzentriert, das man in Europa damals seiner harten und klingenden Scherben wegen ebenfalls für Porzellan hielt. Böttger war ungeheuer stolz auf seine Version des Steinzeugs, das er 1708 vorstellte, denn es übertraf noch das chinesische Vorbild. Solange es ähnlich behandelt wurde, war der Unterschied nicht sichtbar. Aber man konnte Ornamente auch einschneiden und es eignete sich sogar zum Poliertwerden. Beides überließ man Glasschleifern. Sie machten diese Arbeiten nicht nur in Meißen. Man brachte das Böttger-Steinzeug auch in die Glashütten nach Böhmen.

Wie man wirklich weißes Porzellan macht, hatte Böttger zwar bereits 1708 herausgefunden, aber eine geregelte Produktion war erst ab 1713 möglich. Man orientierte sich dabei am „Blanc-de-Chine", diesem leicht cremefarbigen Porzellan, das für Tierfiguren, die als Halter für Räucherstäbchen dienten, ebenso verwendet wurde wie für Dosen und Teekännchen, deren einziger Schmuck aufgelegte Blütenzweige waren. Es ist immer eine sparsame Dekoration, wobei die Wirkung einzig auf der reinen Farbe und der makellosen Glasur beruht. In Meißen ahmte man das lange nach. Die Modelleure für die Gefäße waren anfangs Gold- und Silberschmiede. Sie übertrugen einfach die ihnen gewohnten Metallformen auf das neue Material. Zusammen mit den von China übernommenen Dekormotiven entstanden daraus oft recht eigenartige Kombinationen.

Das chinesische Porzellan mit dem blauen Dekor unter der Glasur versuchte man in Meißen, wo die Porzellanmanufaktur in der Albrechtsburg etabliert worden war, noch unter Böttgers Leitung nachzuahmen. Böttger arbeitete jedoch trotz des Drängens von August des Starken, ohne besonderes Interesse daran. So gab es erst nach seinem Tod 1719 befriedigende Ergebnisse.

Das von Böttger so viel mehr geschätzte Steinzeug wurde alsbald so gründlich vergessen, daß man es später lange nur für eine Vorstufe zum Porzellan hielt. Auch das reinweiße Porzellan in der Art des Blanc-de-Chine kam schnell aus der Mode und wurde nur noch bemalt verkäuflich. Die Qualität des blauen Unterglasurdekors war erst um 1730 endlich konkurrenzfähig. Damals erfand man auch das später so berühmte „Zwiebelmuster". Aber das ist eine andere Geschichte...

Diese nur 11 cm große Statuette aus Böttgersteinzeug wurde wahrscheinlich von einem Mitarbeiter des berühmten Dresdener Hofbildhauers Balthasar Permoser geschaffen und gehörte zu einem Schachspiel. Als sie entstand, hatte August der Starke die Manufaktur gerade gegründet und auf der Albrechtsburg in Meißen installiert. Ihm ging es 1710 bei der Gründung einer eigenen Porzellanmanufaktur vor allem darum, von den teuren asiatischen Importen unabhängig zu werden und das Geschäft selbst zu machen. Seine nach Tausenden zählende Porzellansammlung diente der Manufaktur lange als Anschauungsmaterial oder Vorlage für Kopien.

Meißen war die erste Manufaktur Europas, die Hartporzellan herstellen konnte. Johann Friedrich Böttger war dem Geheimnis schon 1708 auf die Spur gekommen. Über seine Versuchsreihen hat er detaillierte Notizen hinterlassen. Er wurde auch der erste Administrator der Manufaktur, deren Produktion er bis zu seinem Tode 1719 entscheidend prägte.

Statuette August des Starken, Böttgersteinzeug, Meißen, um 1710 Museum für Kunst und Gewerbe, Hamburg

Die Schüssel (Abbildung oben) ist das älteste Stück der Sammlung in Schloß Favorite. Sie trägt eine Kaisermarke, und das war nur qualitativ besonders hochwertigen Stücken vorbehalten. Die Außenwand überziehen dichte Ranken, zwischen denen Lotosknospen stehen. Die kobaltblaue Farbe ist gleichmäßig kräftig aufgetragen und liegt unter der Glasur. Die besondere Qualität dieser Schüssel aus der Epoche des chinesischen Kaisers Chia-Ching zeigt sich auch in der Malerei auf dem Innenboden (siehe Detailaufnahme oben links). Man spürt förmlich das Wasser, aus dem heraus der Lotos sich erhebt.

In China ist der Lotos das Sinnbild der Unbestechlichkeit und Reinheit. So wie die Lotosblüte sich weit aus dem schlammigen Wasser heraus erhebt, so soll sich der Mensch, und vor allem der chinesische Beamte, unbefleckt über Schmutz und Intrigen des politischen Alltags erheben.

Zur Sammlung der Markgräfin gehörte auch dieser große, ungewöhnliche Teller (Abbildung unten). Wieder ist die Fläche – wie bei der Vase rechts – in drei unterschiedlich breite Dekorzonen aufgeteilt. In der Mitte eine Uferlandschaft, darum ein schmaler Rahmen mit verschiedenen, flächendeckenden Mustern. Auf der Fahne neun Bildfelder, gefüllt mit Granatäpfeln, Päonienblüten und Chrysanthemen. Solche großen Platten wurden in China jahrhundertelang nur für den Export in den Orient hergestellt. Die Chinesen selbst hatten wegen ihrer anderen Eßkultur für derartige Geschirrteile keine Verwendung.

Schüssel, China, Epoche Chia-Ching, 1522–1566
Schloß Favorite, Staatliche Schlösser und Gärten, Karlsruhe

Neunpassige Platte, China, vermutlich Wan-Li-Epoche, 1573–1620
Schloß Favorite, Staatliche Schlösser und Gärten, Karlsruhe

*Stangenvasen, China, Epoche K'ang-Hsi, 1662–1722
Schloß Favorite, Staatliche Schlösser und Gärten, Karlsruhe*

Chinesisches Porzellan mit Blütenmotiven wie auf der linken Vase findet man in Europa am häufigsten, denn diese Art der Dekoration entsprach am ehesten dem abendländischen Geschmack. Auch der Fries aus Lotosblütenblättern wirkte auf Europäer nicht befremdlich. Bemerkenswert bei dieser Vase ist die ungewöhnliche Form: sie geht auf ein Bronzegefäß zurück, das in China als kultischer Weinbehälter verwendet wurde.

Das gleiche gilt für die Vase rechts. Auch sie hat als Vorbild einen Weinbehälter aus Bronze. Die ungegliederte Gefäßwand wird durch die Bemalung in drei unterschiedlich breite Zonen aufgeteilt. Da ist zunächst als Unterbau ein Fries aus stilisierten Bananenblättern. Das Bananenblatt ist Symbol der Selbstdisziplin und gehört zu den acht Kostbarkeiten des chinesischen Gelehrten. Einen solchen Gelehrten sieht man mit seinem Diener in einer abgeschiedenen Landschaft im schmalen Band darüber. Der Gelehrte als Würdenträger steht im Mittelpunkt des obersten Dekorbandes. Nur Gelehrte konnten im alten China Beamte werden – sogenannte Mandarine. Szenen aus dem Leben dieser Mandarine waren die bevorzugten Bildthemen auf Porzellan.

Die beiden Vasen stehen auf einem Tisch, in den Bruchstücke von Porzellan eingelegt sind. Vor 1700 war in Europa selbst zerbrochenes Porzellan mit ein bißchen Dekor zu kostbar, um einfach weggeworfen zu werden.

Kleine Kumme;
China, Epoche Wan-Li,
1573–1620
Schloß Favorite,
Staatliche Schlösser und Gärten,
Karlsruhe

Man kann sich nur wundern, daß so viel feines Porzellan die Reise von China nach Europa heil überstanden hat. Viele Stücke, wie zum Beispiel diese kleine Kumme (Abbildung oben links), sind so dünnwandig, daß im Gegenlicht die Malerei der anderen Seite hindurchschimmert. Man nennt dieses Porzellan deshalb auch „Eierschalenporzellan".

Der Schiffstransport nach Europa dauerte immerhin mehr als sechs Monate. Und zuvor hatte das Porzellan bereits einen beschwerlichen Weg von den Manufakturen, die im Landesinneren lagen, hinter sich. Wohlverpackt in großen Tragkörben wurde es erst über Gebirge geschleppt, ehe es auf reißenden Flüssen hinunter zur Küste nach Kanton ging.

Nur dort konnten die Europäer bei speziell von der kaiserlichen Regierung dafür autorisierten Händlern Porzellan kaufen.

In Kanton wurde weißes Porzellan auch nach Wunsch bemalt, und vor allem gab man Bestellungen für die nächste Lieferung auf.

*Schatulle,
Japan, um 1700
Schloß Favorite,
Staatliche Schlösser und Gärten,
Karlsruhe*

Als 1644 die Ming- von der Ching-Dynastie abgelöst wurde, führte das in China zu erheblichen innenpolitischen Wirren, so daß der Porzellanhandel zeitweise ganz zum Erliegen kam. Diese Lücke füllte Japan. Dort hatte man um 1600 mit der Herstellung von Porzellan begonnen. Mit der Technik übernahm man von China auch einfach die Formen und Dekore.

Alles Porzellan, das zwischen 1650 und 1680 nach Europa gelangte, kam aus Japan. Aber da die Japaner häufig die chinesischen Vorbilder kopierten, ist es mitunter auch für Kenner schwer, ohne genaue Datierungsmöglichkeit im Einzelfall zu sagen, ob ein solches Stück in Japan oder China entstand. In diesem Fall weist der Bildausschnitt auf dem Deckel der Schatulle (Abbildung links unten) auf Japan hin. Für die Europäer des 17. und 18. Jahrhunderts spielte die Herkunft eigentlich keine Rolle. Sie ließen sich in erster Linie von den fremdartigen Bildmotiven, insbesondere Landschaften, faszinieren.

Deckelvase im Imaristil; Japan, um 1700
Schloß Favorite, Staatliche Schlösser und Gärten, Karlsruhe

Es gelang den japanischen Händlern sehr bald, die Europäer auch für spezifisch japanische Dekore zu begeistern. Zum Hochbarock paßte anfangs besonders gut der prunkvolle Imaristil, der nach der gleichnamigen Hafenstadt benannt ist, in der das Porzellan vor allem nach Holland verschifft wurde. Typisch für diesen Stil, den diese Deckelvase (Abbildung links) besonders schön zeigt, ist die Kombination der Farben: der Dekor liegt zum Teil in Kobaltblau unter der Glasur und wird durch Rot und Gold auf der Glasur ergänzt. Wie das Gold ist auch die stilisierte Chrysantheme ein Symbol für die Sonne und damit zugleich ein Symbol für den Kaiser von Japan.

Im Unterschied zum Imaristil ist der Kakiemonstil ein asymmetrischer, sparsamer Dekor in wenigen Emailfarben. Diesen Stil entwickelte die Familie Sakaida in dem Töpferort Arita. Der in dieser Familie übliche Name Kakiemon für den jeweils ältesten Sohn wurde auf den Stil übertragen.

Es erinnert an Motive des Art deco, was da im 17. Jahrhundert auf die Innenwand der Schüssel in Form einer stilisierten Lotosblüte gemalt wurde (Abbildung unten). Und in der Tat hat dieser Stil nicht nur die Meißener Dekore des Rokoko stark beeinflußt, sondern lebte in den zwanziger Jahren unseres Jahrhunderts in manchen Dekoren der Porzellanindustrie wieder auf.

Schüssel im Kakiemonstil, Japan, um 1700
Schloß Favorite, Staatliche Schlösser und Gärten, Karlsruhe

Vasen mit Famille-rose-Dekor, China, 1723/35
Schloß Favorite, Staatliche Schlösser und Gärten, Karlsruhe

*Drei Statuen der Gottheit Kuan-Yin,
Böttgersteinzeug und Böttgerporzellan, Meißen, um 1715
Schloß Favorite,
Staatliche Schlösser und Gärten,
Karlsruhe*

Diese Vasen (Abbildung links) vor dem Porträt der Markgräfin Sibylla Augusta von Baden sind frühe Beispiele eines neuen Stils der chinesischen Porzellanmaler. Denn mit einer neuen Farbe wurden auch die Dekore leichter und eleganter: es sind die nach der verwendeten Farbe „famille-rose" genannten Dekore.

Man benutzte dazu eine mit Gold vermischte Purpurfarbe, die in Holland im 17. Jahrhundert entwickelt worden war. Ein Jesuit soll das Rezept für die Mischung nach China gebracht haben. So tauchen nach 1720 plötzlich Dekore mit diesen fein abgestuften rosa Farbtönen auf.

August der Starke, der ein besessener Sammler asiatischen Porzellans war, stellte der Meißener Manufaktur immer wieder Stücke aus seiner Sammlung als Muster zur Verfügung. So entstanden auch diese Figuren der Gottheit Kuan-Yin (Abbildung oben) nach einem asiatischen Original. Das muß nach 1713 gewesen sein, denn die mittlere der Figuren ist aus Böttgerporzellan, und das konnte man erst um diese Zeit produzieren.

Da man die Form direkt vom Original abnahm, sind die Meißener Figuren durch den Schwund beim Brand übrigens etwa um ein Sechstel kleiner als das Vorbild.

Das I-hsing-Steinzeug kam aus der Nähe von Shanghai. In Europa hielt man es für Porzellan, weil die Gefäßwände dünn und der Scherben hart und klingend waren. Obgleich es keine Glasur hat, ist die Oberfläche glatt und schimmernd wie Seide. Meist verwendete man als Schmuck feine Reliefauflagen. Die Chinesen bevorzugten dabei Pflanzen in ihrer natürlichen Wuchsform, die gleichzeitig Symbole für die Jahreszeiten, aber auch für verschiedene Eigenschaften waren.

Das kleine Bild unten zeigt ein Detail des Deckeltopfes: den Fo-Hund als Griff. Auf vielen Deckeln chinesischer Gefäße sitzt als Wächter ein solches löwenartiges Fabelwesen. Auch der Fo-Hund gehört zu den Dingen, die in Meißen oft kopiert wurden.

Der Ansatz der Tülle der Weinkanne zeigt ein weiteres solches Element. Die Art, wie die Tülle aus dem Maul eines Fisches oder Drachen herauswächst, ist ebenfalls oft kopiert worden.

Die drei hier abgebildeten Gefäße haben jeweils ein Pendant in der Sammlung der Markgräfin. Die auf Export eingestellten Porzellanmanufakturen in China kamen mit einer solchen Serienproduktion dem barocken Sinn für Symmetrie entgegen. Es war damals üblich, aus solchen gleichen Stücken Dreier- oder Fünfergruppen zu bilden und sie auf Kaminsimse oder Schränke zu stellen.

Von links nach rechts: Vase, Deckeltopf und Kanne aus I-hsing-yao; China, Epoche K'ang-Hsi, 1662–1722

Drei Kannen aus Böttgersteinzeug; Meißen, 1710/19 Schloß Favorite, Staatliche Schlösser und Gärten, Karlsruhe

Böttger gelang zuerst die äußerlich vollendete Nachahmung des I-hsing-Steinzeugs. In seinen Möglichkeiten war der neue Werkstoff dem chinesischen Vorbild sogar überlegen. Solange es ähnlich behandelt wurde wie das chinesische Material, war der Unterschied allerdings kaum sichtbar. Man erkennt dann nur an stilistischen Details wie dem Griff des Teekännchens rechts die europäische Herkunft.

In das harte Steinzeug konnte man aber auch Ornamente einschneiden. Dabei kamen dann so merkwürdige Mischungen aus europäischen und chinesischen Motiven und Techniken zustande, wie sie auf der mittleren Kanne zu sehen sind. Europäisch ist das eingravierte Wappen, chinesisch sind der aufgelegte Blütenzweig und das Fischmaul am Ansatz der Tülle.

Dunkle Glasuren wie bei der Kanne links erfand Böttger, um zu niedrig gebranntes Steinzeug wasserundurchlässig zu machen. Aber der dunkle Untergrund reizte zur Bemalung. In der Art asiatischer Lackarbeiten verwendete man vor allem Gold dafür. Mit roter oder brauner Lackfarbe als Unterlage wurde sogar eine leicht reliefartige Wirkung erzielt.

Schloß Favorite, Staatliche Schlösser und Gärten, Karlsruhe

Links: Bechertasse, China, Epoche K'ang-Hsi; rechts: Kakaotasse, Meißen, um 1715
Schloß Favorite, Staatliche Schlösser und Gärten, Karlsruhe

*Breitopf,
Meißen, etwa 1730
Schloß Favorite,
Staatliche Schlösser und Gärten,
Karlsruhe*

Für Böttgerporzellan war Blanc-de-Chine, das weiße Porzellan aus China, das Vorbild. Man übernahm gleichzeitig Formen und Dekore, wandelte sie aber nach Gutdünken ab. So wurde mit ein paar Zutaten aus dem schlichten chinesischen Becher links etwas typisch Europäisches. Man gab ihm gedrehte Henkel, die man in China nicht kannte, setzte ihn auf einen Unterteller, und mit einem Deckel versehen wurde daraus eine Tasse für die beliebte heiße Schokolade.

Aber auch wenn Meißen chinesische Stücke ohne Abwandlung und zusätzlichen Zierrat kopierte, gibt es einen wichtigen Unterschied zwischen Original und Kopie: die Pflaumenblütenzweige auf dem chinesischen Becher links wirken verschwommen und weich, während die in Meißen gefertigten scharfkantig und präzise gearbeitet sind.

Obgleich August der Starke ihn immer wieder drängte, betrieb Böttger seine Versuche, auch das Rezept für die unterglasurblaue Farbe herauszufinden, nur sehr widerwillig. Überdies war er seit 1713 ein schwerkranker Mann. So gelangen die ersten befriedigenden Muster erst kurz nach seinem Tod. Es dauerte aber noch bis gegen 1730, bis in Meißen eine immer gleichmäßigere Produktion möglich war.

Um diese Zeit entstanden auch die ersten Versionen des später so berühmten Zwiebelmusters. Dieser Breitopf (Abbildung oben) gehört mit zu den frühesten Belegen: der Granatapfel auf dem Deckel, den die Meißener als „Zwiebel" verkannt haben und der dem Muster seinen Namen gegeben hat, ist zwar noch nach innen gerichtet, aber die Chrysantheme ist in ihrer typischen Form schon vorhanden.

*Verschiedene Geschirrteile mit asiatischen Dekoren, Meißen, zwischen 1723 und 1736
Städtisches Reiss-Museum, Mannheim*

*W*as hier so asiatisch aussieht, wurde dennoch in Europa gefertigt. Zu Anfang richtete man sich in Meißen nämlich mit Formen und Farben ganz nach den asiatischen Vorbildern.

Das Teekännchen und die Kasserolle mit dem als Teller zu benutzenden Deckel entstanden nach japanischen Modellen. Auch die Dekore wurden einschließlich der für die verschiedenen Stilrichtungen spezifischen Farbigkeit übernommen. Da man sich meist an den von August dem Starken bevorzugt gesammelten Stücken aus Japan orientierte, erhielten solche Dekore in den Preislisten der Manufaktur ab 1723 den Vermerk „auf japanische Arth".

Aus den Details der asiatischen Vorlagen entwickelte man aber auch neue Dekore, die mehr dem europäischen Geschmack entsprachen, darunter das sogenannte „Fels-Vogel-Motiv", das auf dem kleinen Teller neben der Teekanne zu sehen ist. Der Bierkrug zeigt übrigens eine frühe Form des später so berühmten Zwiebelmusters.

Drachen und Chrysanthemen

In den Anfangsjahren der Meißener Manufaktur dienten Formen und Dekore aus China und besonders Japan als Vorlagen für die heimische Produktion. Die Vorbilder wurden oft einfach nur kopiert, aber auch von den eißener Malern abgewandelt und mit eigenen Zusätzen versehen.

August der Starke war ein besessener Sammler asiatischen, insbesondere japanischen Porzellans. Dabei bevorzugte er in auffallender Weise den Kakiemonstil. Für die Präsentation seiner Sammlung, zu der es mehrere Inventarlisten gibt, ließ er zwischen 1723 und 1730 das Holländische Palais umbauen. Fortan hieß es Japanisches Palais. Die chinesischen und japanischen Stücke bildeten hier jedoch nur den Rahmen für das im Hauptgeschoß untergebrachte Meißener Porzellan, das zum großen Teil extra für das Japanische Palais angefertigt wurde. Zusammen mit anderen Aufträgen des Hofes war die Manufaktur damit jahrelang zu 40 Prozent ausgelastet.

Vieles, was für das Japanische Palais in Meißen entstand, war eine Nachahmung und Variation japanischer Geschirrformen und Dekore. Den Auftrag, so viel wie möglich „indianische Stücke zu imitieren", erteilte der sächsische Kurfürst und polnische König bereits 1720. Man kopierte also so getreu wie möglich und so gut, daß bei flüchtigem Hinschauen Asien von Meißen manchmal nicht zu unterscheiden ist. Gleichzeitig entwickelte man aus den Details der asiatischen Vorlagen neue Dekore, die mehr dem europäischen Geschmack entsprachen. Sie gelangten auch in den normalen Verkauf und erhielten in den Preislisten ab 1723 den Vermerk: „auf japanische Arth".

Besonders die Dekore im Kakiemonstil reizten aufgrund ihrer Asymmetrie in dieser Zeit des beginnenden Rokoko zur Nachahmung. Durch sie lernte man, das Weiß der Fläche in die Komposition miteinzubeziehen und sich vor der leeren Fläche nicht zu fürchten. Einige Übernahmen oder Abwandlungen von wichtigen Dekoren des Kakiemonstils waren jahrzehntelang erfolgreich. Sie entstanden alle nach Stücken aus der Sammlung August des Starken, die er der Manufaktur zum Kopieren zur Verfügung stellte. Selbstverständlich verstand man in Sachsen nicht die Bedeutung, die bestimmte Motive in Asien hatten. Manches geriet dadurch skurril, ja sogar komisch.

Aber auch die Japaner hatten einen Teil ihrer Motive einmal von China übernommen. Und zu Beginn des 18. Jahrhunderts waren Stücke in den japanischen Stilen von Imari und Kakiemon wiederum in China hergestellt worden. Es gibt sogar asiatisches Porzellan, das erst in Holland in den entsprechenden Stilarten dekoriert wurde. Selbst in der Sammlung August des Starken sind solche „Fälschungen" zu finden. So hat sich zum Beispiel herausgestellt, daß der berühmte „Fels-Vogel-Dekor" wahrscheinlich ein solcher erst in Holland aus verschiedenen Motiven zusammengesetzter Dekor ist.

Nach dem Tode August des Starken erlahmte das Interesse an den asiatischen Dekoren bis auf wenige Ausnahmen. Dazu gehört ein bestimmter Reisigheckendekor, der noch zu Ende des 18. Jahrhunderts erfolgreich und viel kopiert Kaffee- und Teeservice schmückte. Aber da war er bereits fast bis zur Unkenntlichkeit „zermalt". Einen Vergleich mit den frühen Stücken, als über der Reisighecke noch ein eleganter Phönix schwebte, können diese Spätlinge nicht mehr bestehen.

Nach japanischen Motiven komponierte man auch einen der berühmten Dekore für Speiseservice: den „alten gelben reichen Löwen", der in Wahrheit ein Tiger ist. Tiger gab es in Japan nie. Man kannte sie nur von alten chinesischen Malereien, wo sie ein Symbol für militärische Tapferkeit waren. Eine noch größere Rolle spielen sie in der koreanischen Kunst, und von dort haben die Japaner bestimmte Darstellungen auch übernommen. Der Tiger auf den Meißener Servicen, der sich mit hochgerecktem Schwanz um einen Bambus windet, hat solche koreanische Vorläufer.

Der „Rote Hofdrache", das berühmteste Dresdener Hofservice, geht ebenfalls auf chinesische Vorbilder zurück, die in Japan ohne ihre tiefgründige Symbolik und somit eher spielerisch verwendet wurden. Für den Drachen hatte man in Japan ganz offensichtlich kein kaiserliches Porzellan als Vorlage, denn dieser Drache hat nur drei Krallen, während Drachen mit fünf Krallen ursprünglich nur dem chinesischen Kaiser vorbehalten waren. Ganz allgemein galten Drachen als Glücksbringer und waren zugleich Symbol für den Kaiser. Der Kaiserin war der Phönix zugeordnet, ebenfalls ein Glückssymbol. Drachen und Phönixpärchen auf dem Hofservice für den sächsischen Kurfürsten haben also ungewollt den ihnen gemäßen Platz gefunden: als Symbole für den Herrscher und seine Gemahlin.

Aus der Kombination verschiedener asiatischer Vorbilder entstand der „chinesische geflügelte Drache" oder auch der „grüne Löwe", wie er anfänglich in den Manufakturlisten genannt wird. Dieses wie ein Tiger gestreifte Untier erscheint fast nur auf Servicen mit Sulkowski-Ozier nach 1735. Am ehesten gleicht es noch dem chinesischen Fabelwesen Chi'lin. Wie bei dessen Darstellung schwebt auch über dem Meißener Flügelwesen immer irgendwo ein Vogel.

Zur Meißener Menagerie nach asiatischen Vorlagen im Kakiemonstil gehört auch das „fliegende Eichhörnchen", auch „fliegender Fuchs" oder „laufender Hund" genannt. Aber ob es nun fliegt oder läuft – es gehört immer ein zweites, ähnliches Tier in Gelb dazu, das auf einem Zaun hockt und Trauben nascht. Oft wird dieses fliegende Eichhörnchen mit dem sogenannten „Brokatmuster" kombiniert, das zum Imaristil gehört. Die Verbindung dieser beiden so gegensätzlichen Stilarten geschah zwar nach Vorbildern aus Japan, aber diese waren für eine neureiche, ästhetisch wenig geschulte Käuferschicht entworfen worden und galten nicht gerade als besonders geschmackvoll.

Im Gegensatz zum asketischen Kakiemonstil bedecken die Imaridekore fast die ganze Fläche. Meist sind es üppige Blumenarrangements, in Vasen auf Tischchen stehend oder als mächtige Stauden in einer angedeuteten Gartenlandschaft. Es sind oft Aufglasur-Dekore in Kakiemonfarben, oder aber es wurde in zwei Techniken gearbeitet: Zuerst malte man die kobaltblauen Teile unter der Glasur, dann wurden die anderen Farben und das Gold später auf die Glasur aufgebrannt.

In Meißen konnte man erst nach 1730 das Kobaltblau in befriedigender Weise unter der Glasur brennen. Es war schwierig, die richtige Mischung zu finden, die die hohen Temperaturen von 1400–1500 Grad des zweiten Brandes aushielt. Dieser zweite Brand bei so hoher Temperatur war übrigens Böttgers ureigene Erfindung, denn chinesisches Porzellan wird nur einmal und bei niedrigeren Temperaturen gebrannt. Dadurch gelang es Böttger auch, die Glasur mit dem Scherben untrennbar zu verschmelzen. Als man in Meißen aber endlich das einst so bewunderte blau-weiße Porzellan wirklich perfekt nachahmen konnte, war es schon fast aus der Mode.

Trotzdem wurden zwei Blau-Weiß- Dekore zu den erfolgreichsten Dekoren überhaupt und später zum Inbegriff für Meißen. Dies vor allem in bürgerlichen Kreisen, die noch an die Fayencen aus Delft oder den verschiedenen deutschen Manufakturen gewöhnt waren.

Bei diesen beiden Dekoren handelt es sich um das Strohblumenmuster und das Zwiebelmuster. Das Strohblumenmuster gehört trotz der Unterglasur-Dekoration in Blau zum Kakiemonstil. Es wanderte über Fürstenberg nach Kopenhagen und wurde durch die Thüringer Manufakturen populär.

Nur das Zwiebelmuster geht als einziger der asiatischen Dekore auf eine chinesische Vorlage zurück – das Original ist immer noch in Dresden zu bewundern.

Die Bezeichnung „Zwiebelmuster" kam übrigens erst im 19. Jahrhundert auf, damals wurde dieser Dekor erst so richtig populär. In der Zeit des Historismus um 1870 wurden zu dem einst gutbürgerlichen Service wahre Prunkstücke an Tafelaufsätzen hinzuerfunden. Doch der Dekor wurde schablonisiert, ein Stück gleicht dem andern, während im 18. Jahrhundert durch die Hast und Flüchtigkeit der Bemalung Uniformität nicht aufkam. Bei aller Standardisierung blieben den Blaumalern noch genug Gelegenheiten zu persönlichen Schnörkeln, die den Charme dieser Stücke ausmachen.

Warum ausgerechnet das Zwiebelmuster so beliebt wurde, läßt sich nicht eindeutig klären. Aber von allen durch die asiatischen Vorbilder angeregten Dekoren ist es als einziges um die ganze Welt gegangen.

„Alter gelber reicher Löwe"; Detail der Malerei von der Platte auf Seite 28

Der „Löwe", der sich hier um den Bambus windet, ist eigentlich ein Tiger und entstand in Meißen als Kopie eines japanischen Dekors. Die Japaner wiederum hatten das Raubtier von koreanischen Vorlagen kopiert, denn in Japan gab es nie Tiger.

Dieser Dekor im Kakiemonstil wurde für den kursächsischen Hof als erstes einheitlich dekoriertes und gestaltetes Tafelservice 1728 entworfen. Es blieb bis 1918 dem Hof vorbehalten, wurde aber immer wieder „modernisiert". Die ursprünglichen Teller, Platten und Terrinen waren glatt und schlicht, wie es zu dem eher sparsamen Dekor auch paßt. Diese Platte mit einem Brandenstein-Relief (siehe Seite 57) gehört schon zu einer solchen Modernisierung.

Es gibt auch eine sozusagen bürgerliche Variante des Löwendekors. Aber im Unterschied zum Hofservice ist dort der Löwe rot, windet sich nicht um einen Bambus, sondern gleicht eher einer Wildkatze auf dem Sprung. Die Bezeichnung „Löwe" gilt heute noch, obwohl inzwischen natürlich jeder erkennt, daß ein Tiger dargestellt ist.

Platte mit Dekor „Alter gelber reicher Löwe";
Meißen, 1738
Museum für Kunst und Gewerbe, Hamburg

*Teller aus dem Drachenservice; Meißen, 1730
Museum für Kunst und Gewerbe, Hamburg*

Dieser Teller zeigt noch die ursprüngliche Form, wie sie auch für das Service mit dem „Gelben Löwen" galt. Das Hofservice mit dem „Roten Hofdrachen" war ungleich berühmter als das Service mit dem „Gelben Löwen", obwohl es bis 1918 ausschließlich dem sächsischen Hof vorbehalten blieb.

Der Dekor im Kakiemonstil zeigt auf der Fahne zwei langgestreckte, rote Drachen. Ihre Form paßt sich elegant der Rundung von Tellern und Platten an. Kleine Wölkchen am Schwanz bilden ein optisches Gegengewicht zum Kopf. Zwischen den Drachen steht das in Europa unverstandene Symbol eines langen Lebens: der buddhistische Knoten. Das Phönixpärchen in der Mitte gilt im Osten als Symbol für eine glückliche Ehe, der Vogel ist aber auch Symbol für die Kaiserin, während der Drache als höchstes Glückssymbol den Kaiser repräsentiert.

Teller mit Dekor „Geflügelter Drache"; Meißen, um 1735 Museum für Kunst und Gewerbe, Hamburg

Unten: Detail aus dem Service mit Fabeltieren; Adam Friedrich von Löwenfinck, Meißen, 1735/36 Museum für Kunst und Gewerbe, Hamburg

Neben der fernöstlichen Dramatik eines feuerspeienden Drachens wirkt eine Meißener Variante besonders brav: aus dem funkensprühenden Ungeheuer wurde ein zahmes Hündchen. Der Maler Adam Friedrich von Löwenfinck, der Schöpfer dieser Figur, war indessen alles andere als zahm. Er fühlte sich und sein Talent in der Manufaktur nicht recht gewürdigt. Und so entfloh er bei Nacht und Nebel, obwohl auch zu dieser Zeit noch harte Strafen darauf standen. Sein Weg durch die Manufakturen läßt sich anhand seines schon hier sehr deutlichen, eigenwilligen Stils bis Höchst und Straßburg verfolgen.

*Ausschnitt aus einem Teller mit Chi'lin; China, 1680
Museum für Kunst und Gewerbe, Hamburg*

Am ähnlichsten sieht der „Geflügelte Drache" einem Chi'lin. Dieses chinesische Fabelwesen faucht hier vergeblich nach dem über ihm schwebenden Vogel.
    Meißen hat dieses Motiv nicht direkt von China, sondern von einer japanischen Vorlage übernommen, die ihrerseits das chinesische Original kopierte.

Der große Teller zeigt ein Dekor im Kakiemonstil. „Chinesischer geflügelter Drache" oder auch „Grüner Löwe" nannte man in Meißen das Untier rechts auf dem Teller. In Verwendung war dieser Dekor seit 1731. Auch hier gibt es verschiedene asiatische Vorbilder für den Hauptakteur.
    Zu dem „Geflügelten Drachen" gehört immer auch ein über ihm schwebender Vogel und ein sich verkriechendes, maikäferartiges Insekt. Aufgrund des Randreliefs, das sogenannte Sulkowski-Ozier (siehe Seite 56) läßt sich dieser Teller auf nach 1735 datieren.

Bis etwa 1730 orientierte sich die Manufaktur auch mit den Gefäßformen an den asiatischen Vorbildern. Die glatten Flächen ließen viel Raum für den Dekor, wie hier auf dieser im Kakiemonstil bemalten Schüssel. Es ist das sogenannte Reisigheckendekor. Die Hecke umschließt einen Garten. Blumen und ein Baum ragen darüber hinaus, und ein Phönix hat sich dort niedergelassen.

Der Deckelgriff ist einer Lotosknospe nachgebildet. Ende des 18. Jahrhunderts wurde diese Form noch immer verwendet, aber als Pinienzapfen umgedeutet.

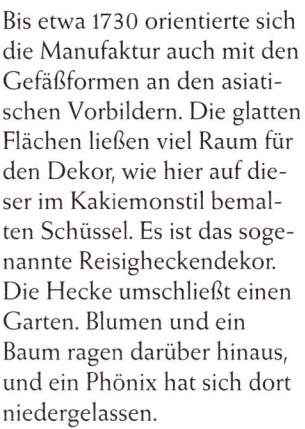

Deckelschüssel mit Reisigheckendekor; Meißen, um 1730 Museum für Kunst und Gewerbe, Hamburg

Im Unterschied zu einer Deckelschüssel hat eine Terrine immer Henkel. Auch diese ist einfach in der Form, die Goldfische als Griffe nehmen ein asiatisches Glückssymbol auf. Aber im Gegensatz zum asketischen Kakiemonstil bedeckt hier – wie immer beim Imaristil – der Dekor die ganze Fläche. Dieser Terrinentyp entstand um 1730 mehrfach in Meißen. Es existieren sogar noch halbfertige Stücke mit den unterglasurblauen Dekorteilen, aber ohne die Dekorergänzungen über der Glasur.

Fischterrine; Meißen, um 1730 Museum für Kunst und Gewerbe, Hamburg

Zur Meißener Menagerie nach asiatischen Vorbildern gehört auch das „fliegende Eichhörnchen". Manchmal nennt man es auch „laufender" oder „fliegender Fuchs" oder „fliegender Hund". Da es frei auf der Fläche steht, läßt sich die Art der Fortbewegung wirklich nicht eindeutig festlegen, genauso wenig wie die Zugehörigkeit zu einer bestimmten Tierart. Aber egal ob Hund, Eichhörnchen oder Fuchs – es gehört immer ein zweites, ähnliches Tier in Gelb dazu, das auf einem Zaun hockt und Weintrauben nascht. Alles detailgetreu kopiert von einem japanischen Original, das einen alten chinesischen Vers illustriert.
Der Dekor „Fliegendes Eichhörnchen" erscheint vor 1750 häufig auf Tafelservicen und wurde nie variiert. Mitunter wurde er aber – wie auf diesem Teller – mit dem sogenannten „Brokatmuster" kombiniert, wobei dann eine solche merkwürdige Mischung des Kakiemon- und Imaristils herauskam.

*Teller mit Brokatmuster und Dekor „Fliegendes Eichhörnchen"; Meißen, um 1732
Museum für Kunst und Gewerbe, Hamburg*

Die später in den Geruch der Billigware geratene Blaumalerei unter der Glasur gehört der Technik nach zum Imaristil. Die stilisierte Blütenranke sollte also ursprünglich – wie auf der Teedose unten zu sehen – mit Malerei auf der Glasur vervollständigt werden. Denn in der Mitte des 18. Jahrhunderts waren farbige Dekore gefragter als das schlichte Blau-Weiß-Porzellan.

Doch die stilisierte Blütenranke des „Blaublümchen-" oder „Strohblumenmusters" der Kaffeekanne setzte sich auch ohne die farbige Übermalung durch. Andere Manufakturen kopierten es sofort so zahlreich, daß seine Herkunft aus Meißen fast in Vergessenheit geriet. Die Kaffeekanne aus Limbach, einer thüringischen Manufaktur, ist eine solche gelungene Kopie.

Meist wurde das Strohblumenmuster wie auch bei dieser Kaffeekanne auf einem Relief verwendet, das bereits 1736 ebenfalls in Meißen erfunden worden war. Es ist der „Gebrochene Stab". Bis weit in unser Jahrhundert blieb auch dieses Relief in Gebrauch. Dabei ist völlig in Vergessenheit geraten, daß es einst in Meißen von niemand geringerem als dem großen Johann Joachim Kaendler entworfen wurde.

Links: Teedose, Meißen, um 1740
Rechts: Kaffeekanne, Limbach, nach 1772
Städtisches Reiss-Museum, Mannheim

Die erste Fassung des „Zwiebelmusters" läßt sich auf 1728 datieren. Damals waren alle Früchte vom Rand nach innen gerichtet. Pfirsiche und Granatäpfel wechseln sich ab. Der Name des Dekors kommt vom Granatapfel: die Leute hielten ihn irrtümlich für eine Zwiebel. Aber die Bezeichnung kam erst im 19. Jahrhundert auf.

1739 wurde erstmals ein Tafelservice mit dem Zwiebelmuster, wie wir es heute kennen, dekoriert. Seitdem liegen die Details fest. Trotzdem waren spontane Abweichungen, wie zum Beispiel hier das schräggestellte Doppelblatt möglich.

Die Art der Darstellung des Doppelblatts eignet sich gut zum Datieren der Stücke, ebenso die kleine Blüte darüber, die im Laufe der Zeit immer stärker vereinfacht wurde. Beide hängen sozusagen in der Luft, denn offenbar gehören sie nicht zu dem Blütenzweig auf der rechten Seite. Die kleine Knospe rechts gleicht im 18. Jahrhundert noch eindeutig einer Lotosknospe, später wird sie immer schematischer. Nur die große Blüte hat sich im Laufe von 200 Jahren wenig verändert: es ist eine Chrysantheme.

Auf chinesischem Porzellan sind Chrysanthemen von alters her ein beliebter Dekor mit starkem Symbolwert: sie verkörpern die Melancholie des Herbstes und des hohen Alters. In Meißen spielt die Chrysantheme nur eine dekorative Rolle als Kontrast zum Bambus.

Der Maler dieses Tellers war vermutlich Johann David Kretzschmar, der in Meißen 26 Jahre lang für Blumen und die Unterglasur-Dekore zuständig war.

Platte mit Zwiebelmuster;
Meißen, um 1740/50
Museum für Kunst und
Gewerbe, Hamburg

*Service mit „Goldchinesen",
Werkstatt Seuter, Augsburg,
Meißen, 1730/35
Städtisches Reiss-Museum,
Mannheim*

Der festliche Glanz des Golddekors dieses Services besticht noch heute. Doch solche Dekore wurden nicht in Meißen selbst hergestellt. Werkstätten in Augsburg bezogen unbemaltes Porzellan von der Manufaktur und dekorierten es genau nach den Wünschen der Auftraggeber.

Dieses Service erhielt seinen Chinoiserie-Dekor um 1730 in der Werkstatt der Brüder Seuter. Die „Augsburger Goldchinesen" sind deutlich von Hoeroldts Chinoiserien beeinflußt, jedoch nicht direkt kopiert. Die Brüder Seuter benutzten allerdings, genau wie Hoeroldt, die in Augsburg erschienenen Reiseberichte aus China als Anregung.

Die Seuters waren Goldschmiede. Sie verstanden es also, mit dem Material umzugehen. Das Gold ist nicht einfach nur silhouettenartig aufgelegt, sondern erhielt mit Achatstift oder Nadel zusätzlich eine feinradierte Binnenzeichnung.

Hoeroldts gemalte Traumwelten

Um 1723 taucht ein völlig neuartiger Dekor auf, der nicht mehr von asiatischen Vorbildern abhängig war. Chinesen spielen zwar die Hauptrolle, doch sie wurden durch die europäische Brille gesehen. Entworfen hat diesen Dekor Johann Gregor Hoeroldt. Er war ursprünglich Tapetenmaler. 1696 in Jena geboren, traf er 1719 den aus Meißen entlaufenen Samuel Stöltzel in der gerade gegründeten Wiener Manufaktur. Zusammen mit Stöltzel ging Hoeroldt 1720 nach Meißen, wo er Instrukteur für die Maler wurde, 1731 sogar deren Direktor. Er prägte in diesen Jahren nach Böttgers Tod entscheidend den Charakter des Meißener Porzellans. Obwohl er alle Dekore der Manufaktur bestimmte, tragen nur die Chinesenszenen bis heute seinen Namen: „Hoeroldt-Chinoiserien".

Dekordetails von einem Teller mit Kauffahrteiszenen; Meißen, um 1730 Städtisches Reiss-Museum, Mannheim

Mit der harten Realität des Überseehandels haben die sogenannten Kauffahrteiszenen wenig zu tun – trotz der Hafenarbeiter und der zur Verladung bestimmten Kanone.

Von Kulthandlungen bis zu ganz profanen Tätigkeiten wie Kochen erzählen diese Szenen in allen Einzelheiten vom Leben der Chinesen, wie man es sich in Europa vorstellte. Es ist eine heitere Märchenwelt, manchmal komisch und grotesk, immer anmutig, doch nie süßlich. In Leipzig werden viele Skizzenblätter aufbewahrt, die Hoeroldt mit solchen Szenen füllte.

Die Anregungen dazu gaben ihm in Augsburg verlegte Kupferstiche, vor allem das 1702 erschienene Buch „Picturae sinicae" von Peter Schenk. Eigene Erfindungen sind bestimmt auch darunter, und so entstanden die Vorlagen für die Maler. Sie arbeiteten zu diesem Zeitpunkt – also um 1723 – noch für Hoeroldt, der sie selbst bezahlte, von der Manufaktur aber für die bemalte Ware von ihm festgesetzte Preise forderte. Das änderte sich erst 1731, als Hoeroldt mit einem damals sehr hohen Jahresgehalt von 1000 Talern fest angestellt wurde. (Zum Vergleich: die ihm unterstellten 30 Maler und 10 Lehrlinge erhielten zwischen 13 und 3 Talern Lohn im Monat.)

Jeder der in Meißen tätigen Maler war auf ein bestimmtes Gebiet spezialisiert: es gab Blumenmaler, Blaumaler, Figurenmaler, solche, die die Kartuschen um die Szenen legten und andere, die für das Laub- und Bandelwerk zuständig waren, wieder andere waren die „Ränderer" für die Goldkanten. Und ständig waren zwei Lehrlinge damit beschäftigt, die Farben zu reiben.

Zu den großen Verdiensten Hoeroldts um die Meißener Manufaktur gehört nämlich, daß er die Qualität der Farben und die Reichhaltigkeit der Farbpalette entscheidend verbesserte. So scheinen gerade die Chinesenszenen wie aus bunten Edelsteinen zusammengesetzt. Wir können uns die Beliebtheit dieser Chinoiserien, die zu Tausenden die Manufaktur verließen, heute kaum noch vorstellen. Trotzdem sind Wiederholungen nicht sehr häufig, denn die Maler haben Hoeroldts Vorlagen immer wieder variiert.

Aber es lag nicht nur an der Brillanz der miniaturhaft feinen Malerei der Hoeroldt-Chinoiserien, daß sie damals so beliebt waren. Man sah in ihnen auch Traumbilder einer fernen und vor allem besseren Welt, deren Gesetze und Einrichtungen man als vorbildlich ansah. Sie waren Ausdruck der Bewunderung für Chinas Kultur, die den Europäern von den ersten Chinareisenden als leuchtendes Beispiel geschildert wurde.

Neben Hoeroldt gibt es nur noch den Maler Johann Ehrenfried Stadler, dem man bestimmte Chinesenszenen zweifelsfrei zuordnen kann. Seine hochaufgeschossenen Figuren unterscheiden sich vor allem durch eine gewisse Steifheit von den anderen. Trotzdem gehörte er zu den besten Malern, und seine Bilder zeigen einen unverwechselbaren Stil.

Leider gibt es nur eine Vase von 1726, die Hoeroldts volle Signatur trägt. Andere Stücke tragen versteckte Initialen oder sind aufgrund von Vergleichen als von seiner Hand gefertigt anzunehmen. Man weiß auch, daß er Bestellungen des sächsischen Hofes und Staatsgeschenke stets selbst dekorierte.

Hoeroldt selbst schätzte mehr Christian Friedrich Herold, der indessen eher mit den sogenannten Kauffahrteiszenen verbunden ist. Diese Kauffahrteiszenen führte Hoeroldt um 1725 ein. Sie wurden von Anfang an von den Käufern so genannt. Stilistisch unterscheiden sich diese Hafenbilder oft von den Chinoiserien, doch thematisch besteht ein Zusammenhang, da sie von den gleichen Reiseberichten inspiriert wurden. Vor allem für so männliche Utensilien wie Barbierschüsseln waren Kauffahrteiszenen ein überaus passender Dekor.

Der Fernhandel im großen Stil brachte damals den europäischen Häfen ungeheuren Reichtum. Und für alle Hafenstädte war Venedig immer noch das große Vorbild. Die Häfen ferner Länder waren oft nur notdürftig befestigte Provisorien. Ihr exotisches Leben reizte die Phantasie um so mehr. So lassen sich diese Hafenszenen aufgliedern in: Häfen mit Palastarchitektur, die an Venedig erinnert; Häfen mit Flußlandschaft, die entweder niederländisch anmutet oder – angedeutet durch eine Pagode etwa – asiatisch; oder aber Häfen nur mit Schiffen und Arbeitern, mitunter mit einem Fort im Hintergrund. Feine Pinsel tupften diese Bilder von Abenteuer und Fernweh in der gleichen miniaturhaften Art wie die Chinoiserien. Mit der harten Realität des Überseehandels haben sie wenig zu tun. Selbst dann nicht, wenn scheinbar aktuelle Bezüge auftauchen wie solche Hafenszenen, in denen orientalisch kostümierte Kaufleute mit Turban im Mittelpunkt stehen. Es war schließlich auch die Zeit der Türkenmode.

Immer wieder promenieren auch elegant gekleidete Paare in diesen Flußlandschaften mit den Segelschiffen und Hafenanlagen im Hintergrund. Diese Paare sind nur Beiwerk, noch stehen sie nicht im Mittelpunkt. Das ändert sich erst 1738. Damals heiratete eine Tochter August III. (August der Starke war 1733 gestorben) den spanischen König, und für sie entwarf Hoeroldt das erste Service mit kupfergrünen Watteaupaaren. Diese Damen und Kavaliere tragen keine modische Kleidung. Sie promenieren in einer Art Theaterkostüm durch Parklandschaften, sitzen auf verzierten Steinbänken zu Füßen von Steinvasen auf hohen Postamenten. Man musiziert und tanzt, man plaudert, und selbst Kinder spielen auf sehr ernsthafte Weise ihre Rolle in diesem zeitlosen Arkadien. Viele Szenen dieser sogenannten Watteaudekore entstanden nach Vorlagen des französischen Malers Nicolas Lancret, der im Stil von Antoine Watteau arbeitete.

Als Hoeroldt diese Watteaudekore entwarf, war seine große Zeit bereits vorüber. Bis 1735 hatte er allein das Gesicht der Manufaktur geprägt. Er hatte die Farben entwickelt und die Dekore bestimmt – nicht nur die Hoeroldt-Chinoiserien und Kauffahrteiszenen, sondern auch die großen asiatischen Dekore, die gegen 1730 Mode wurden. Er hatte nach asiatischen Vorbildern die Formen herstellen lassen mit großzügig bemessenen Freiflächen als Untergrund für seine Malerei.

Nach 1735 hatte Johann Joachim Kaendler an Einfluß gewonnen. Dieser Bildhauer war seit 1733 Modellmeister in Meißen. Er modellierte nun Gefäße in bewegten Formen, auf denen für Hoeroldts Malereien einfach nicht mehr genügend Platz vorhanden war.

Die meisten Kauffahrteiszenen zeigen den gleichen miniaturhaften Stil wie die Hoeroldt-Chinoiserien. Feine Pinsel tupften diese Bilder von Abenteuer und Fernweh auf Porzellan.

Eine nach asiatischem Vorbild geformte Teekanne und eine eckige Zuckerdose, für die ein sächsisches Silbermodell Pate stand, wurden um 1725 in Meißen mit Chinoiserien dekoriert. In Arbeitsteilung, denn Figurenmaler haben die Szenen in leuchtenden Farben auf die Glasur gemalt, Kartuschenmaler waren für den Rahmen zuständig und Blumenmaler für die „indianischen Blumen". Zudem gab es noch sogenannte „Ränderer", die für die Goldkanten eingeteilt waren.

Teekanne und Zuckerdose mit Hoeroldt-Chinoiserien; Meißen, um 1725
Städtisches Reiss-Museum, Mannheim

Bei dieser Teekanne und dem Koppchen mit Unterteller haben andere Spezialisten die freien Flächen zwischen den Chinesenszenen diesmal mit „Goldspitzen-Dekor" gefüllt. Hoeroldt ließ dafür Vorlagen des französischen Zeichners Bérain verwenden. Nach 1730 bereicherte man die Goldspitzen noch mit Purpurornamenten.

Koppchen und Teekanne, Meißen, um 1730
Städtisches Reiss-Museum, Mannheim

Zuckerdose, Meißen, 1725/30
Städtisches Reiss-Museum, Mannheim

Ovale Zuckerdosen wie diese gab es häufig. Auf dem Deckel umrahmt nur Goldspitze die Chinesenszene, eine Kartusche fehlt. Man nennt das „Inselstil".

Zuckerdose und Teekanne, Meißen, 1725/30
Städtisches Reiss-Museum, Mannheim

Ganz ohne Goldspitzen und Kartuschen breiten sich hier die Szenen über die gesamte Fläche aus. Die Figuren scheinen wie aus bunten Edelsteinen zusammengesetzt. Solche leuchtenden Farben hat erst Hoeroldt in Meißen eingeführt.

Manchmal sitzt wie hier ein Fo-Hund auf dem Deckel von Zuckerdosen (siehe auch Seite 20). Als direkte Kopie eines chinesischen Fabeltiers ist dieses Schmuckelement authentischer als alle Szenen aus dem angeblichen Leben der Chinesen.

Wie diese Bouillontasse wurden tausende von Porzellanteilen mit Chinoiserien dekoriert. Wiederholungen sind selten. Und immer gibt es überraschende Details wie zum Beispiel das Hochbeet rechts auf der Szene.

Bouillontasse,
Meißen, um 1730
Städtisches Reiss-Museum,
Mannheim

Direkt verwirrend ist der Blick auf den Deckel der Bouillontasse, denn die Szenen sind im Kreis angeordnet. So stellte man sich das Leben im fernen China vor: eine heitere Traumwelt ewigen Müßiggangs.

Kumme;
Fondporzellan mit Kauffahrteiszene, Meißen, 1735–40
Städtisches Reiss-Museum, Mannheim

Für das Japanische Palais August des Starken wurden die sogenannten Fondporzellane entwickelt, deren Flächen in verschiedenen Grüntönen, Gelb, Purpur und selbst in Gold bemalt und auf die Grundfarbe des jeweiligen Raumes abgestimmt waren. Diese Farben, wie das Grün der kleinen Abbildung oben, wurden mit Aussparungen für die Malerei – sogenannten Reserven – auf die Glasur aufgetragen. Man versuchte damit, die chinesischen Fondglasuren nachzuahmen. Allerdings erreichte man nie die Eleganz der Vorbilder, deren echte Farbglasuren allein durch ihre Leuchtkraft wirkten.

In den Reserven der Meißener Fondporzellane kamen die brillanten Farben der Hoeroldt-Chinoiserien und Kauffahrteiszenen allerdings besonders gut zur Geltung. Ein Beispiel dafür ist die Kauffahrteiszene auf der Vorderseite der Kumme.

1738 führte Hoeroldt dann einen neuen Dekor ein, der hier auf der Rückseite der Kumme zu sehen ist: die Watteaupaare (Abbildung unten). Es sind elegant gekleidete Damen und Kavaliere, die in einer parkähnlichen Landschaft lustwandeln. Solche promenierenden Paare bevölkerten zuvor schon Hafenlandschaften. Nun aber werden sie ein selbständiger Dekor.

Um 1745 erhielt Graf Brühl diesen Tischbrunnen. Johann Joachim Kaendler, der seit 1733 Modellmeister in Meißen war, dürfte ihn entworfen haben. In dem Loch unter der Goldmuschel muß man sich den Zapfhahn für Trinkwasser denken.

Die Malerei in Gold und Purpurcamaieu nutzt geschickt die bewegte Oberfläche. Die Detailaufnahme zeigt deutlich den neuen Dekor der Watteaupaare.

Seit 1738 wandeln auf Meißener Porzellan die gleichen Figuren durch unwirkliche Gefilde, wie sie auch auf den Gemälden Watteaus erscheinen. Die Dame zum Beispiel ist, wenn auch seitenverkehrt, direkt dem „Firmenschild des Kunsthändlers Gersaint" entstiegen.

Brühl'sche Tischfontaine; Meißen, um 1745
Städtisches Reiss-Museum, Mannheim

Von links nach rechts: Schoko-laden- oder Milchkännchen, Kaffeekännchen und Zuckerdose; Meißen, 1723/24 und 1735 Museum für Kunst und Gewerbe, Hamburg

Gleicher Dekor auf allen Teilen – damit versuchte man zunächst, die unterschiedlichen Geschirrteile zu einer Einheit zusammenzufügen. Die Formen waren zu verschiedenen Zeitpunkten entstanden und oft sogar noch für ein anderes Material entworfen worden. Die Zuckerdose beispielsweise hat einen silbernen Vorläufer. Sie war übrigens ein sehr erfolgreiches Modell, das mit den verschiedensten Dekoren zu finden ist.

Kannen wurden nicht nur für Kaffee und Tee gebraucht. Die kleine Kanne links wird in den Verzeichnissen manchmal als Milchkännchen geführt. Dafür spricht auch der flache Deckel. Doch der seitlich angesetzte Stiel wird in der Folge nur für Schokoladenkannen verwendet.

Den gemeinsamen Dekor aller Teile bilden die Kauffahrteiszenen, die Hoeroldt nach 1725 entwickelt hat.

Vom Geschirr zum Service

Unter Böttgers Administration wurde in Meißen bis 1719 die Form der Gefäße vor allem von den asiatischen Vorbildern kopiert oder von Silberschmieden gestaltet. So entstanden viele voneinander verschiedene Einzelteile.

Um 1720 kam aus Frankreich die Anregung, die Geschirrteile optisch mehr aufeinander abzustimmen. Dies mag für Hoeroldt Anstoß gewesen sein, sein System von Dekoren zu entwerfen. Gleicher Dekor auf allen Teilen, damit versuchte man zunächst einmal, die Gefäße für die neuen Getränke Tee, Kaffee und Kakao optisch zusammenzufassen.

Zum Tee gehörten nun Koppchen mit coupeförmigen Untertassen, eine Zuckerdose, eine eher kugelförmige Teekanne sowie eine Kumme zum Ausspülen der Teereste. Zum Kaffee eine hohe Kanne, eine Milchkanne, eine Zuckerdose und Bechertassen mit und ohne Henkel auf Untertassen. Für Schokolade erfand man die Bechertasse mit zwei Henkeln. Später kam die Schokoladenkanne mit ihrem im Winkel von 45 Grad zur Gießrichtung angesetzten Stiel hinzu.

Das erste große Speiseservice, das unter Hoeroldts Leitung entstand, war das schon erwähnte Hofservice mit dem „alten gelben reichen Löwen".

Aber erst als Johann Joachim Kaendler 1733 Modellmeister der Manufaktur wurde, wurde das Problem der optischen und ästhetischen Angleichung der so unterschiedlichen Geschirrteile aneinander endgültig gelöst. Kaendler war Bildhauer, 1706 in der Nähe von Dresden geboren, und arbeitete seit 1731 für die Manufaktur in Meißen. Berühmt wurde er für seine unglaublich lebensechten Tierplastiken. Weniger bekannt ist, daß er auch die Service bis ins Detail gestaltet hat. Seit 1735 kümmerte er sich verstärkt um neue, plastisch reich verzierte Geschirrformen.

Ohrenhenkel (links) und Ästchenhenkel (rechts); Meißen, 1735/40 Museum für Kunst und Gewerbe, Hamburg

Ein einfacher Ohrenhenkel paßt zu fast allen Tassen und ist bis heute in Gebrauch. Der zierliche Ästchenhenkel gehört dagegen zu den verspielten Rokokoformen.

An den Formen von Tassen und Kannen änderte er wenig. Die Teekannen blieben weiterhin kugelförmig, und die Tülle endete in einer Art Vogel- oder Drachenkopf. Den Ansatz am Kannenkorpus maskierte bis 1745 ein „Maskaron". Solche Teufelsfratzen gehörten eigentlich zu den Groteskornamenten des Barock. Zum Rokoko paßten sie mit der Zeit immer weniger. Für die Kaffeekannen wurde der schnabelförmige Ausguß üblich und blieb es bis zum Ende des 18. Jahrhunderts.

Um Kannen und Tassen eines Services aufeinander abzustimmen, kam Kaendler auf die Idee der gleichen Henkelform. Henkel an Trinkgefäßen hatte es zwar schon zu Böttgers Zeiten gegeben, doch Kaendler ließ sich immer neue Variationen einfallen. Einige Versionen waren nur phantasievolle Eintagsfliegen, andere dagegen haben sich bis heute erhalten.

Gegen 1740 endlich zeigten die Geschirrteile gleiche Gefäßformen, Henkel und Dekore – das Tee- und Kaffeeservice war geboren und hat sich bis heute kaum verändert. Nur die Kumme zum Ausspülen der Teereste ist weggefallen, dafür sind im 19. Jahrhundert die Kuchenteller als Neuheit hinzugekommen.

Wie aber läßt sich ein Kaffeeservice mit einem Tafelservice in Harmonie bringen? Mit gleichen Henkeln oder Gefäßkörpern kommt man da nicht weit. Kaendler fand hier eine überraschende Lösung: ein gleiches Relief für alle Teile. Zum ersten Mal probierte er diese Lösung 1735 an einem Service für den sächsischen Minister Graf von Sulkowski aus. Das umfangreiche Service, das zwischen 1735 und 1737 entstand, bezog seine Wirkung aus den abgestimmten Formen und einem sehr sparsamen Dekor aus Allianzwappen und wenigen Kakiemonmotiven. Für dieses Sulkowski-Service verwendete Kaendler erstmals als Randabschluß auf allen Teilen ein Flechtmuster als Relief: das sogenannte Ordinair-Ozier oder Sulkowski-Muster, das später auch viele andere Service zierte.

1737 kam dann das einfache Weidenkorbgeflecht auf, das Ozier. „Osier" ist die französische Bezeichnung für den Weidenbaum. Das Relief sieht in der Tat aus wie ein schlichtes Korbgeflecht und wurde zum beliebtesten Randrelief des Rokoko.

1738 entstand aus zwei verschiedenen Flechtmotiven das berühmte Brandenstein-Relief als Randmuster eines Services für den sächsischen Oberküchenmeister Graf Brandenstein.

Beide Reliefs – „radierte Dessins" nannte man solche Muster – wurden 1744 etwas modernisiert, indem man die zuvor geraden Stege nun S-förmig schwingen ließ. Sie heißen seitdem Neu-Ozier und Neu-Brandenstein und sind für Stilservice heute noch in Gebrauch.

Mit dem Fortschreiten des Rokoko wurden die Reliefs komplizierter und bewegter. Das für den Amsterdamer Kaufherrn Dulong 1743 entworfene Dulong-Relief wirkt jedoch relativ schwerfällig neben dem nach dem Berliner Kaufmann Johann Ernst Gotzkowsky benannten Relief eines von einer wehenden Schleife zusammengehaltenen Blütenkranzes, das 1741 entstand. 1745 kam noch das aus Rocaillen gebildete Marseille-Muster hinzu.

Seit 1738 war Graf Brühl, nach dem Sturz des Grafen Sulkowski, der mächtigste Mann im Staat. Für ihn entwarf Kaendlers enger Mitarbeiter Johann Friedrich Eberlein 1742 das „Brühl'sche Allerlei". Es vereinigte alle bis dahin entstandenen Flechtmuster und legte Blütenranken darüber.

Alle bisher genannten Reliefs wurden oft wiederholt. Nicht so das Relief des berühmten Schwanenservices, das in den Jahren 1737–41 nach Entwürfen von Kaendler und seinen Mitarbeitern für den Grafen Brühl hergestellt wurde. In Anspielung auf den Namen „Brühl", was feuchtes Wiesengelände bedeutet, sind alle Teile mit einem Relief aus Muschelgrund, Schwänen, Schilf und Reihern überzogen. Die Bemalung dieses wohl aufwendigsten Services, welches im 18. Jahrhundert hergestellt wurde, besteht aus einer dezenten Goldkante, dem Wappen und ein paar verstreuten indianischen Blumen. Es bestand angeblich einmal aus über 2000 Einzelteilen.

Seine prachtvolle Wirkung beruhte indessen nicht allein auf der Masse. Vor allem die Terrinen waren meist überreich mit Figuren geschmückt und von daher auch besondere Schaustücke. Nereiden, Delphine, Tritonen und Meeresgötter, die den plastischen Schmuck darstellen, sind ebenfalls Geschöpfe des Wassers. Das Schwanenservice war eines der ersten dieser Prunkservice, die zunehmend in Mode kamen.

Seit 1739 wurden die Vasen, Terrinen und anderen Teile des Schneeballservices als offizielle Staatsgeschenke benutzt. Hier verschwanden die Umrisse aller Teile unter aufgelegten Blüten.

Das letzte berühmte Relief aus Meißen entstand 1761 mitten in dem Siebenjährigen Krieg, es war ebenfalls ein königliches Geschenk. Diesmal bedachte der Preußenkönig Friedrich II. damit seinen verdienten General von Möllendorf. So wurde auf des Königs detaillierte Bestellung hin ein Relief aus Musikinstrumenten in Rocaillekartuschen für das Möllendorf-Service entworfen, das in Meißen unter der Bezeichnung „preußisches musikalisches Dessin" verzeichnet wurde.

Bis zum Ende des 18. Jahrhunderts wurde auf zahllosen Servicen ein Relief verwendet, das bereits 1736 in Meißen erfunden worden war. Es ist der „gebrochene Stab". Manche Stücke mit diesem Relief erinnern an Stroh- oder Bambuskästchen. Der „gebrochene Stab" wurde in Meißen fast nur zusammen mit aus asiatischen Vorbildern hervorgegangenen Dekoren eingesetzt. Obwohl im Rokoko entstanden, paßte er in seiner Gradlinigkeit erst so richtig zum Klassizismus. Dies Relief war so erfolgreich, daß andere Manufakturen es später übernahmen. Bis weit in unser Jahrhundert blieb das Relief in Gebrauch. Daß der gebrochene Stab einst in Meißen entworfen worden war, ist dabei in Vergessenheit geraten.

J-förmiger Henkel (links), Chinoiseriehenkel (rechts); Meißen, 1740 und 1731 Museum für Kunst und Gewerbe, Hamburg

Henkel, die wie das große J geformt sind, gehören ebenfalls zum Rokoko, während der Henkel rechts von chinesischen Vorbildern inspiriert zu sein scheint.

Bouillontassen hatten genau wie Schokoladentassen zwei Henkel. Die Henkel dieser Bouillontasse zeigen noch die eckig-scharfkantige Form der Böttgerzeit. (Abbildung rechts).

Im Gegensatz zu Schokoladentassen sind Bouillontassen etwas flacher und vor allem weiter. Außerdem haben sie grundsätzlich einen Deckel, den Schokoladentassen haben können, aber nicht haben müssen.

Der Deckel bei Schokoladentassen sollte übrigens, da Schokolade beim Lever während des Frisierens getrunken wurde, den über die Frisur gestäubten Puder abhalten.

In den Anfangsjahren der Meißener Manufaktur gab es entweder einfache Voluten als Henkel, oder aber man erfand solche in einem pseudochinesischen Stil, wie an dieser Schokoladentasse aus Böttgersteinzeug (Abbildung unten) zu sehen. Diese Henkel sind scharfkantig und lassen sich dadurch schlecht handhaben.

Schokoladentasse aus poliertem Böttgersteinzeug;
Meißen, um 1715
Museum für Kunst und Gewerbe, Hamburg

Bouillontasse mit pseudochinesischen Henkeln; Meißen, um 1730
Museum für Kunst und Gewerbe, Hamburg

Von links nach rechts: Kaffee-, Becher- und Schokoladentasse; Meißen, 1740, 1735, 1731
Museum für Kunst und Gewerbe, Hamburg

Schalenförmige Tellerchen als Untersatz für Tassen sind eine Erfindung des Abendlandes. Aber selbst wenn man den heißen Kaffee, wie damals üblich, zum Abkühlen in die Unterschale goß, verbrannte man sich doch noch die Finger an den anfangs henkellosen Bechertassen, von denen eine in der Bildmitte zu sehen ist. Die Bechertassen hatten allerdings den Vorteil, daß sie wegen ihrer neutralen Form zu jeder Kanne paßten.

Doch gleiche Henkel sind eine Möglichkeit, die verschiedenen Trinkgeschirrteile auf einander abzustimmen. So wurde die hohe Bechertasse mit einem Henkel für Kaffee üblich (links), mit zwei Henkeln wurde daraus die Schokoladentasse (rechts).

Eckige und vierpassige Tasse, Meißen, um 1740
Museum für Kunst und Gewerbe, Hamburg

Zur eckigen Tasse links paßt der Ohrenhenkel. Die vierpassige Tasse wurde von Johann Joachim Kaendler, der sich beschwert hatte, daß er, als er nach Meißen kam, keine brauchbaren Henkel vorfand, 1740 entworfen. Beide Tassen gehören zu den Fondporzellanen mit Kauffahrteiszenen in den Reserven. Sie haben noch das kleine Format der Koppchen und wurden für Tee benutzt.

Genauso sorgfältig wie die Tassen dekorierte man auch die Unterschalen, weil ja daraus getrunken wurde. Diese Unterschalen haben noch glatte Flächen ohne Standsicherung, das kam erst viel später gegen Ende des 18. Jahrhunderts auf.

Henkelformen, Meißen, um 1740
Museum für Kunst und Gewerbe, Hamburg

Tülle von einer Kaffeekanne, Meißen, 1740/45
Museum für Kunst und Gewerbe, Hamburg

Die Meißener Variationen zum Thema Henkel sind von erstaunlichem Einfallsreichtum. So manche glatte, birnförmige Kanne erhielt durch einen schwungvollen Henkel eine gewisse Festlichkeit. Die Kanne auf Seite 52 versah man mit einer Komposition aus drei großen C. Den „Ohrenhenkel mit Frauenbildgen" links ließ sich Johann Joachim Kaendler 1742 einfallen. Er ist eher dekorativ als praktikabel, aber man findet ihn relativ häufig an großen Kannen.

So manche Tülle aus dieser Zeit endet in einem Vogel- oder Tierkopf. An Teekannen wurde das noch lange beibehalten und auch von anderen Manufakturen übernommen.

Zusätzlich maskiert ein Maskaron den Tüllenansatz. Solche Teufelsfratzen wurden bis etwa 1745 sehr häufig angebracht. Eigentlich gehören sie ins Barock; zum Rokoko paßten sie mit der Zeit immer weniger. Meist sind diese Maskarons dezent weiß geblieben. Farbig ausstaffiert wie hier wirken sie allerdings noch grotesker.

Tête-à-tête; Meißen, um 1770, Museum für Kunst und Gewerbe, Hamburg

Das Teeservice für Zwei zeigt die endlich erreichte vollendete Harmonie. Alle Gefäßkörper haben die gleiche, eingezogene Glockenform, an allen Tassen und Kannen sitzen die gleichen verschlungenen Henkel, und alle Teile tragen den gleichen Dekor: auf königsblauem Fond goldumrankte Reserven, in denen sich Federvieh tummelt. Gleiche Gefäßkörper, gleiche Henkel, gleicher Dekor: so bilden die Geschirrteile ein harmonisches Service.

Das Detailfoto des Henkelansatzes der Tasse zeigt noch einmal den Einfallsreichtum Kaendlers. Der verschlungene Henkel (siehe großes Foto) läuft in Blättchen aus und wurde erstmals 1740 verwendet. Grob vereinfacht findet man ihn noch heute an glokkenförmig eingezogenen Tassen von Stilservicen.

Das Problem, wie sich ein Kaffeeservice mit einem Tafelservice in Harmonie bringen läßt, war noch nicht gelöst. Nur mit gleichen Henkeln kam man da nicht weit. Beim Tafelservice bieten sich zudem nur Saucièren dafür an, denn Teller und Platten zum Beispiel haben ohnehin keine Henkel. Saucièren, wie rechts auf der großen Abbildung zu sehen, wurden übrigens erst damals für die raffiniert gewürzten Saucen üblich. Oft erinnert ihre Form an Boote, und so werden sie ja bis heute noch manchmal bezeichnet.

Die Lösung des Problems, so grundverschieden geformte Geschirrteile zu verbinden, war verblüffend einfach: gleiches Relief an allen Teilen. Das probierte man erstmals 1735 aus, als der sächsische Minister Graf Sulkowski ein Service bestellte. Das einfache Flechtmuster heißt daher auch Sulkowski-Ozier. Es wurde in den folgenden Jahren auch bei anderen Servicen verwendet, zum Beispiel bei einem Service für den russischen General Graf Münnich, aus dem die Kaffeekanne links stammt.

Kanne aus dem Service für den Grafen Münnich, Meißen, 1738
Museum für Kunst und Gewerbe, Hamburg

*Detail einer Kaffeekanne; Johann Joachim Kaendler, Meißen, 1742
Museum für Kunst und Gewerbe, Hamburg*

Die ersten Reliefs sitzen immer wie Borten an den Rändern der Serviceteile. An diesem Ausschnitt einer Kaffeekanne Kaendlers, von der bereits auf Seite 54 der Henkel gezeigt wurde, ist es das Ozier von 1737. Osier ist die französische Bezeichnung für den Weidenbaum. Wie ein schlichtes Weidenkorbgeflecht sieht das Relief ja auch aus. Das Ozier wurde übrigens zum beliebtesten Relief an Rokokoservicen.

Unter dem schnabelförmigen Ausguß dieser Kaffeekanne sitzt ein Damenkopf als Maskaron. Dieser hochangesetzte Ausguß war bei Kaffeekannen bis zum Ende des 18. Jahrhunderts üblich. Milchgießer haben ihn heute noch, Teekannen hingegen hatten ihn nie.

*Brandenstein-Relief;
Ausschnitt aus dem Rand einer Platte, Meißen, um 1738
Museum für Kunst und Gewerbe, Hamburg*

1738 entwarf Kaendler das sogenannte Brandenstein-Relief, das ebenfalls sehr häufig benutzt wurde. Andere Manufakturen haben es oft kopiert. Diese Kombination zweier verschiedener Flechtmuster mit einem leeren Feld dazwischen, das meist mit Blüten bemalt wurde, erschien erstmals – daher auch der Name – auf einem Service für den sächsischen Oberküchenmeister Graf von Brandenstein.

*Saucière aus dem Sulkowski-Service; Meißen, 1735/37
Museum für Kunst und Gewerbe, Hamburg*

Teller mit Allianzwappen; Meißen, um 1745 Staatliche Museen Berlin, Kunstgewerbemuseum Schloß Köpenick

Der Teller oben mit dem Allianzwappen trägt das Relief „Gotzkowskys erhabene Blumen". Es wurde 1741 für den Berliner Kaufmann Gotzkowsky entworfen, der sich später als Besitzer der Berliner Manufaktur versuchte. Das Relief beschränkt sich nicht allein auf die Fahne des Tellers, denn ein mit einer Schleife gebundener Blumenkranz ziert zusätzlich den Spiegel.

Das Relief dieser Platte (große Abbildung) trägt ebenfalls den Namen des Auftraggebers. Das war Graf Brühl, als Staatsminister zu der Zeit der mächtigste Mann in Sachsen. Seit 1733 war er auch für die Meißener Manufaktur verantwortlich. 1742 wurde für ihn das sogenannte Brühl'sche Allerlei zusammengestellt. In Kartuschen erscheinen alle bis dahin entstandenen Korbflechtmuster vom einfachen Ozier über das Sulkowski-Ozier bis zum Brandenstein-Relief. Darüber liegen noch Blütenzweige.

Dessertteller mit ausgeschnittenem Brühl'schem Allerlei;
Meißen, um 1750
Museum für Kunst und Gewerbe, Hamburg

Dessertteller waren nie wieder so anmutig geformt und kunstvoll bemalt wie zur Zeit des Rokoko. Das zeigt die Sonderstellung, die das Dessert als Höhepunkt eines vielgängigen Mahles hatte. Vielfach wurde dazu die Tafel völlig neu gedeckt. Zusätzlicher Schmuck waren zu Pyramiden aufgeschichtetes Obst und Konfekt. Die Kombination von Früchten und Blumen auch für die Dessertteller war deshalb naheliegend. Das farbenprächtige Mittelstück dieses Tellers wird wie ein kleiner Garten von elegantem Gitterwerk umzäunt.

Platte mit Brühl'schem Allerlei;
Meißen, um 1750
Städtisches Reiss-Museum,
Mannheim

Tasse aus dem Schwanenservice; Johann Joachim Kaendler, Meißen, 1737–41 Museum für Kunst und Gewerbe, Hamburg

Das berühmte Schwanenservice gibt es nur ein einziges Mal, es bestand einmal aus über 2000 Einzelteilen. Mit dem Entwurf beschäftigte sich Kaendler seit 1735, aber erst 1737 ging es in Produktion. Die letzte Lieferung an den Auftraggeber, den Grafen Brühl, erfolgte 1741. In Anspielung auf den Namen Brühl, was soviel wie Feuchtgebiet bedeutet, haben alle Teile einen muschelartigen Untergrund, auf dem Schwäne schwimmen, Schilf wächst, und ein Reiher schwebt. Sparsame Farbakzente setzen die indianischen Blumen und das Wappen des Grafen.

Mit dem Fortschreiten des Rokoko wurden die Reliefs komplizierter und beschränkten sich nicht mehr nur auf den Rand. Diese Terrine ist völlig mit dem Dulong-Relief überzogen, das 1739 für den holländischen Kaufherrn Dulong entworfen wurde.

Terrinen wurden im 18. Jahrhundert zu wahren Prunkstücken der Tafel. Schließlich wurde mit ihnen das Festmahl eröffnet, das üblicherweise aus fünf bis acht Gängen bestand. Der erste Gang war immer eine Potage, eine heiße Brühe mit Gemüse und Kräutern, und die reichte man eben in einer Terrine. Solche Terrinen hatten oft vier Füßchen und standen immer auf einer Platte.

Für den dritten Gang, meist ein Ragout und diverse Gemüse, waren ebenfalls Terrinen in Gebrauch. Doch die waren kleiner, hatten fast nie Füßchen und gehörten ebenfalls auf eine Platte. Die Abbildung zeigt eine solche Terrine. Die Gärtnerin als Deckelgriff und das Gemüse als Henkel sind ein passender Schmuck. Auch der Dekor „en treillage" nimmt das Gartenthema auf. Die Blüten am Spalier sind jedoch nur hingehuschte Farbtupfer. Die Andeutung der Form ist wichtiger als die Bestimmbarkeit der Blüte.

Terrine mit Dekor „en treillage"; Meißen, um 1760
Museum für Kunst und Gewerbe, Hamburg

*Bouillonterrine mit
Schneeballdekor,
Meißen, 1739
Museum für Kunst und
Gewerbe, Hamburg*

Johann Joachim Kaendler ließ sich 1739 den Schneeballdekor einfallen. Die Umrisse aller Teile verschwinden unter den aufgelegten Blüten des Schneeballstrauches. Meist wurden Prunkvasen, die als Staatsgeschenke dienten, damit dekoriert. Es waren sehr arbeitsaufwendige Schaustücke, die sich kaum für den Gebrauch eigneten.

Die Kostbarkeit der kleinen Prunkterrine wird noch unterstrichen durch den Goldfond im Inneren und die leuchtenden Farben der Kauffahrteiszene (Abbildung rechts). Wer hätte daraus je seine Morgensuppe zu essen gewagt? Aber als dekorative Ergänzung zum zeremoniellen Lever war es genau das richtige, um die Bewunderung der Besucher hervorzurufen.

63

Platte, Saucière, Teller und zwei Salznäpfe aus dem Clemens-August-Service; Meißen, 1741/42 Städtisches Reiss-Museum, Mannheim

Clemens August von Wittelsbach, Kurfürst und Erzbischof von Köln, bestellte 1741 ein großes Tafelservice. Sämtliche Teile tragen unter dem Kurhut sein Monogramm „CA" und am Band das Deutschordenskreuz. Aufgelegte, plastische Blütenranken geben vielen Teilen ein festliches Gepräge, und die einfachen Formen mit den kräftigen Farben und den dicken Goldauflagen wirken ländlich-fröhlich. Neben den aus vielen Einzelteilen zusammengesetzten plastischen Blüten erscheinen die gemalten Holzschnittblumen fast ein bißchen steif. Ohne die plastische Konkurrenz wirken sie gefälliger.

Von diesem Service haben sich zwei gleiche Salznäpfe erhalten, aber man brauchte wenigstens vier davon, wenn die Tafel für zwölf Personen gedeckt wurde.

Das Service wurde leider in alle Winde zerstreut. Außer in Mannheim gibt es noch Teile davon in Brühl und in Clemenswerth, wo es sicher einst gedeckt wurde.

Meißen im Blütenrausch

Die ersten Vorbilder für die Blumenmalerei in Meißen kamen aus dem fernen Osten, aus China und Japan. Aber schon bald machte man sich davon frei und begann, einen eigenen, deutschen Stil zu entwickeln. Zwar wirkten die ersten Versuche noch etwas steif und holzschnittartig, aber bald brachte man es in Meißen in der Blumenmalerei zu wahrer Meisterschaft.

In Museen und Schlössern sind sie immer wieder das Entzücken der Besucher: die mit zarten Blumen bemalten Porzellane aus Meißen. Es dauerte zwar eine Weile, bis man es in Meißen auf diesem Gebiet zur Perfektion brachte, aber auch der Weg bis dahin ist bereits ein optisches Vergnügen.

„Indianische Blumen" stehen am Anfang der Blumenmalerei auf Porzellan. Zwar stammen die Vorbilder dazu aus China und Japan, aber trotzdem nennt man sie heute noch so, obgleich sie mit Indien oder Indianern nichts zu tun haben. Bis zum Ende des 18. Jahrhunderts gehörten Chrysanthemen, Prunusblüten, Päonien, Astern und was es an fernöstlichen Pflanzen noch zu kopieren gab, zum Repertoire der Meißener Blumenmaler. Die wenigsten dieser Pflanzen hatten die Maler jemals in Natur gesehen. Kein Wunder, daß sie manches mißverstanden. Zumal in China und Japan die Blüten und Pflanzen ja auch eine symbolische Bedeutung haben, die in Europa lange unbekannt blieb. In Asien hätte man auch nie gewagt, die Blüten einfach nur so über die Fläche zu streuen, als Füllsel oder gar, um kleine Fehler in der Glasur darunter zu verbergen.

Carl von Linnés Schriften „Systema naturae" und „Genera plantarum" erschienen 1735 und 1737. Der große Erfolg dieser Schriften zeigt, wie ausgeprägt das allgemeine Interesse an Botanik damals war. Prachtvoll illustrierte botanische Werke waren Bestseller und wurden nicht nur zu Studienzwecken, sondern auch als Vorlagen für Stickereien, Webmuster oder andere Handarbeiten benutzt. Die Meißener Manufaktur erwarb ebenfalls solche Bücher als Vorlagen für die Maler und diese hielten sich daran. Die sogenannten „deutschen Blumen" jener frühen Jahre stehen steif und isoliert auf der Fläche, sind aber botanisch korrekt wiedergegeben. Sie wurden zwar von Kupferstichen kopiert, doch man nennt sie bis heute Holzschnittblumen.

Das erste große Tafelservice mit diesem neuartigen Dekor bestellte Clemens August von Wittelsbach, Kurfürst und Erzbischof von Köln, 1741 in Meißen. Es ist ein festlich-heiteres Service mit seinen aufgelegten plastischen Blütenranken, einfachen Formen und den kräftig bunten Blumen. Man muß genau hinschauen, um die zarten „Schatten" zu sehen, die von den Vorlageblättern mit übernommen wurden. Ombrierte Holzschnittblumen nennt man sie. In ihrer Gesellschaft krabbeln allenthalben sogar Insekten übers Porzellan.

Ästhetisch befriedigend war das Ergebnis jedoch nicht. Neben den aus vielen Einzelteilen zusammengesetzten Blütenranken wirken die gemalten Blumen steif und unharmonisch. Ein Mann wie Hoeroldt, der ja immer noch – und dies zumindest bis zum Ausbruch des Siebenjährigen Kriegs 1756 – die gemalten Dekore bestimmte, mußte sich an diesen „trockenen Blumen" stören. Ein nächster Schritt war deshalb, die Blumen in einer Art Bouquet zusammenzufassen. Diese natürlichere Haltung war ein erster Schritt in Richtung auf mehr Eleganz.

„Deutsche Blumen" in Unterglasur-Blau erschienen gegen 1740 auf einem Service für den sächsischen Kurfürsten und polnischen König. Locker gebundene Sträuße stehen hier leicht asymmetrisch auf den Flächen. Noch gibt es aber auch Einzelblüten wie aus dem botanischen Lehrbuch. Und auf jedem Teil erscheint übrigens ein verschlungenes „AR" – „Augustus Rex" –, mit dem von 1723 bis 1736 die für den Kurfürsten bestimmten Stücke am Boden markiert wurden. Hier gehörte es mit der Krone darüber zum Dekor. Die Markierung auf der Rückseite ist noch interessanter: neben den kursächsischen Schwertern, die 1723 als Marke für Meißen eingeführt wurden, stehen die Zeichen „K. H. C. W.". Sie bedeuten „Königliche Hof Conditorey Warschau", in deren Verantwortlichkeit das Porzellan fiel. Die Hofkonditoreien hatten lange für die aus Tragant angefertigte Tafeldekoration zu sorgen. Die Ablösung dieses vergänglichen Stoffes durch Tafelservice aus Porzellan hatte die Hofkonditoreien ganz nebenbei zu den Geschirrkammern der Höfe gemacht.

Zurück zu den „deutschen Blumen": bis zur Mitte des 18. Jahrhunderts hatten die Blumenmaler in Meißen ihre Lektion gelernt. Virtuos ließen sie jetzt ihre Pinsel über die Flächen tanzen und zauberten einen ewigen Frühling aufs Porzellan. Die zartfarbigen Blumenarrangements machen auch aus so trivialen Gefäßen wie Bierkrügen eine Augenweide. In den locker gebundenen Sträußen geben die Modeblumen der Zeit den Ton an. Doch nur die großen Blüten sind eindeutig zu bestimmen. Das kleinblütige Fußvolk füllt lediglich dekorativ die Lücken. Die Ähnlichkeit mit realen Blumen ist dabei rein zufällig. Oft waren die botanischen Merkmale der genau bestimmbaren Blüten für die Maler nur ein Anlaß, ein Feuerwerk an duftigen Farben und graziösen Formen abzubrennen.

Von nun an bildeten die „natürlichen Blumen" einen festen Bestandteil des Manufakturprogramms. Sie überlebten jeden Stilwandel und machten jede Mode mit. Selbst Ton in Ton gemalt – man nennt das Camaïeu – verlieren solche Blüten nichts von ihrer Plastizität. Man kann aber auch nicht übersehen, daß bald mit mehr Routine als Sorgfalt gearbeitet wurde. Farbenpracht und Formenfülle sehen oft aufwendiger aus, als sie es tatsächlich sind. Wie so oft entpuppt sich auch hier der schöne Schein des Rokoko bei näherem Hinsehen als oberflächliche Effekthascherei. Die bei aller Duftigkeit doch auch schematischen Blumendekore nach 1750 werden darum Manierblumen genannt.

Miniaturausgaben solcher Manierblumen wurden schließlich überall verstreut, wo es einen Fehler zu überdecken oder eine leere Stelle zu füllen galt, bis sie sich zuletzt als Streublümchendekor verselbständigten. Die Kombination der Manierblumen mit Früchten war naheliegend. Daraus ergab sich wie von selbst ein passendes Motiv für Dessertteller, später auch für ganze Service.

Zum Teil sind Manierblumen nur hingehuschte Farbtupfer. Die Andeutung der Form ist wichtiger als die Bestimmbarkeit der Blüten. Oft nahm man sich ohnehin ausgefallene Blumen oder Neuzüchtungen der Floristen zum Vorbild. So lassen sich nur noch wenige Blüten botanisch exakt benennen. Neben Rose, Tulpe, Anemone ist es die bei den Floristen besonders beliebte Aurikel, deren eigentümliche Blütenform der flüchtigen Malweise von Manierblumen entgegenkam. Im Klassizismus werden die Blumen dann zu kompakten Sträußen gebunden. Keine tanzt mehr graziös aus der Reihe wie zu Zeiten des Rokoko. Aber es sind immer noch die alten Bekannten, die man weiter als Manierblumen bezeichnet, auch wenn sie noch so perfekt gemalt sind.

Die Rose hat während dieser Entwicklung immer eine prominente Rolle gespielt. Anfangs erschien sie eher im Profil, und die botanischen Eigentümlichkeiten waren wichtiger als die dekorative Wirkung. Bald ergaben sich erste Stilisierungen als vollerblühte Zentifolie. Diese klassische Form der Rose war bis etwa 1780 dominierend. Schließlich wurde sie zu einem eigenständigen und sehr erfolgreichen Dekor: der Meißener Rose.

Die Beliebtheit dieser sentimentalen Einzelblüte war so groß, daß sie unter jener Bezeichnung auch von anderen Manufakturen übernommen wurde. Die Blüte und die Knospe der Rose haben so prägnante Formen, daß sie sich mit wenigen Pinselstrichen stilisieren lassen, doch diese vereinfachende Malweise war sicher nicht der einzige Grund für den raschen Erfolg des Rosendekors. Er setzte nämlich zu einer Zeit ein, als die systematische Rosenzucht in Europa gerade begann. Die Meißener Rose verkörperte zunächst ein Ideal, das von den echten Rosen allerdings schon bald übertroffen werden sollte.

Indianische Blume; Dekor des Möllendorff-Service, Meißen, 1761 Museum für Kunst und Gewerbe, Hamburg

Diese Blumen stehen am Anfang der Blumenmalerei auf Porzellan. Die Vorbilder dazu hatten Japan und China geliefert. Trotzdem nennt man sie noch heute „Indianische Blumen", obwohl sie mit Indien oder Indianern nichts zu tun haben.
Bis zum Ende des 18. Jahrhunderts gehörten solche Blüten zum Repertoire der Meißener Blumenmaler, die sie auch als Streublümchen zum Überdecken von kleinen Fehlern oder zum Ausfüllen leerer Flächen benutzten. Auf dem Möllendorff-Service fanden sie auf ausdrücklichen Wunsch des preußischen Königs Friedrich II. in dieser besonderen Farbe Verwendung, obgleich sie zum Relief des „preußischen musikalischen Dessins" nicht so recht passen wollen.

Holzschnittblumen;
Ausschnitt aus einem Konfektkorb,
Meißen, um 1740
Museum für Kunst und Gewerbe,
Hamburg

Mit sogenannten „deutschen Blumen" dekorierte man ab etwa 1735. Steif und isoliert, doch botanisch korrekt stehen sie auf der Fläche. Sie wurden zwar von Kupferstichen aus botanischen Werken kopiert, aber man nennt sie bis heute Holzschnittblumen.

Auslöser für den Blütenrausch in Meißen war wohl das ungeheuer starke Interesse jener Zeit an der Botanik, vor allem seit Linné 1735 seine vieldiskutierte Systematik der Pflanzenwelt veröffentlicht hatte.

Ombrierte Holzschnittblume;
Detail aus dem Clemens-August-
Service, Meißen, 1741/42
Städtisches Reiss-Museum,
Mannheim

Die Rose hat immer wieder eine große Rolle gespielt in den Blumendekoren des 18. Jahrhunderts. So sah sie 1741 als ombrierte Holzschnittblume aus (ombriert heißt „mit Schatten"). Wenn man genau hinschaut, erkennt man einen zarten Schatten. Diesen Schatten hatte man von den Kupferstichvorlagen einfach übernommen und erzielte damit auch auf Porzellan einen plastischen Effekt.

Das Interesse an der Tier- und Pflanzenkunde war damals übrigens so groß, daß allenthalben auch Insekten über das Porzellan krabbelten.

Trockene deutsche Blumen;
Ausschnitt von einer Schloßvase mit
AR-Marke, Meißen, um 1735/40
Museum für Kunst und Gewerbe,
Hamburg

Die AR-Marke wurde zwischen 1723 und 1736 für die persönlichen Aufträge des Kurfürsten von Sachsen, der gleichzeitig König von Polen war, verwendet. Diese Vase hat demnach der Kurfürst bestellt, und für ihn als dem Besitzer der Manufaktur Meißen war das Beste gerade gut genug. In einer Art Bouquet sind die verschiedenen Blumen zusammengefaßt. Sie lassen sich botanisch eindeutig bestimmen. In der Haltung sind sie natürlicher als die doch etwas steifen Holzschnittblumen. Nur die Farben sind ungleichmäßig: die Hyazinthe ist noch knallblau, aber Anemone und Rose haben schon feinere Farbabstufungen.

Deutsche Blumen;
Ausschnitt aus einem Teller,
Meißen, 1735/40
Museum für Kunst und Gewerbe,
Hamburg

Der locker gebundene Strauß zeigt bereits die nächste Entwicklungsstufe. Er steht asymmetrisch auf einem Teller, dessen Fahne mit dem AR und der Krone darüber anzeigt, daß es sich auch hier um einen Auftrag des sächsischen Kurfürsten, nämlich ein Service für das königliche Schloß in Warschau, handelt.

Das Blau unter der Glasur war erst seit wenigen Jahren in dieser gleichbleibenden Qualität möglich. Trotz der Einfarbigkeit glaubt man, die Farbenpracht der Blumen zu sehen. Unscharfe Konturen machen indessen manche Blüten schwer bestimmbar.

Bis zur Mitte des Jahrhunderts hatten die Blumenmaler in Meißen ihre Lektion gelernt. Fast impressionistisch wirkt in diesem Blumenarrangement des Bierkruges oben rechts insbesondere die Rose. Und viel fedriger als in Wirklichkeit sind die Nelken. Die botanischen Merkmale der Blüten waren für die Maler dieser Zeit nur mehr der Anlaß für virtuose Malerei. Manche Blumen sind überhaupt nicht mehr identifizierbar, andere bilden kurzlebige Neuzüchtungen der sogenannten „Floristen" ab.

Alles an diesem Schokoladenkännchen rechts ist in Schwingungen geraten, selbst der rechtwinklig abstehende Griff. Dazu paßt die Malerei: zwischen den reliefierten Rocaillen sitzen Manierblumensträuße. Die ganze Pracht und Formenfülle sieht indessen aufwendiger aus, als sie ist. Die bei aller Duftigkeit der Farben – sie entsteht durch Abschattierungen und Halbtöne – doch auch schematischen Blumendekore werden darum Manierblumen genannt.

Auf diesem in den Formen des Klassizismus gestalteten Service haben sich auch die Sträuße geändert und sind kompakter geworden. Keine Blume tanzt mehr graziös aus der Reihe wie zu Zeiten des Rokoko. Die Blüten sind so perfekt gemalt, daß man sich scheut, sie als Manierblumen zu bezeichnen. Es sind zum Teil die alten Bekannten. Neben Rose, Tulpe und Mohn ist das auch die Aurikel. Ihre eigentümliche Blütenform kam der flüchtigen Malweise von Manierblumen entgegen. In dieser Zeit hat auch die Rose ihre klassische Form gefunden. So oder sehr ähnlich erscheint sie von nun an auch allein als „Meißener Rose".

Manierblumen, Ausschnitt aus einem Kaffeeservice, Meißen, 1780/90
Museum für Kunst und Gewerbe, Hamburg

*Manierblumen;
Ausschnitt aus einem Bierkrug,
Meißen, um 1750
Städtisches Reiss-Museum,
Mannheim*

*Schokoladenkännchen mit Manierblumen; Meißen, 1750/60
Museum für Kunst und Gewerbe, Hamburg*

*Solitaire,
Nymphenburg, 1770/75
Museum für Kunst und
Gewerbe, Hamburg*

Die Formen dieses Frühstücksservices für eine Person – daher der Name „Solitaire" – entstanden im Rokoko. Sein Dekor wirkt wie ein Überzug aus Seidenstoff, unter dem sich das Porzellan versteckt.

Zu dieser Zeit bestand das Frühstück überwiegend aus heißen Getränken, weshalb das Service außer einer Tasse nur aus je einer Kanne für Milch oder Schokolade, Kaffee und Tee besteht. Bemerkenswert ist die kleine Schale links. Sie war nicht für Zukker bestimmt, sondern zur Ablage des Löffels. Den Vogelkopf am Ausguß der Teekanne haben außer Nymphenburg auch andere Manufakturen von Meißen übernommen und lange beibehalten.

Um 1775 hatten viele deutsche Manufakturen den klassizistischen Stil längst akzeptiert. In Nymphenburg konnte man sich jedoch noch nicht so ohne weiteres vom anmutigen Spätrokoko trennen, dessen Stil man vollendet beherrschte. Dieses Service ist einer der besten Beweise dafür.

Nymphenburg – die Manufaktur im Schloß

Der Name Nymphenburg steht nicht nur für eine großzügige barocke Schloßanlage im Westen von München, sondern auch für eine Porzellanmanufaktur. Der festlich-heitere Müßiggang der kurfürstlichen Sommerresidenz reichte einst nur bis zu den Mauern des nördlichen Schloßrondells: in einem der Pavillons wurde ab 1761 Porzellan produziert.

Das Geheimnis der Porzellanherstellung, das „Arkanum", war 1719 von Samuel Stöltzel, der seit 1705 ein Mitarbeiter Böttgers gewesen war, an Claudius Du Paquier in Wien verraten worden. Obwohl Stöltzel ein Jahr später reumütig und mit Hoeroldt im Schlepptau nach Meißen zurückkehrte – an der Tatsache, daß in Wien weiter produziert wurde, konnte das natürlich nichts mehr verändern. Wien war dann viele Jahre die einzige Konkurrenz für Meißen im deutschsprachigen Raum.

Es konnte allerdings nicht ausbleiben, daß man den wirtschaftlichen Erfolg und den Prestigegewinn Meißens auch andernorts zu wiederholen versuchte. So entstanden fast zur gleichen Zeit in Deutschland zwei Manufakturen, eine davon ist Höchst, die andere Nymphenburg.

Ihre Entstehung verdankt die Manufaktur Nymphenburg in erster Linie wirtschaftlicher Notwendigkeit: die Erträge sollten mithelfen, die zerrütteten Staatsfinanzen zu konsolidieren. Hinzu kam der imperiale Anspruch Bayerns – man war schließlich von 1740–45 Römischer Kaiser Deutscher Nation gewesen und stand somit Wien in nichts nach. Den letzten Anstoß zur bayerischen Manufaktur gab dann die Kurfürstin. Max III. Joseph hatte 1745 die Enkelin August des Starken geheiratet und sie war – wie die ganze sächsische Familie – eine Porzellannärrin. Der Kurfürst schloß also 1747 mit dem Hafnermeister Franz Ignaz Niedermeyer die ersten Verträge. Ein unbewohntes Schlößchen in der Münchner Vorstadt Neudeck wurde zur Verfügung gestellt. Doch man kam über die ersten Versuche nicht hinaus, denn das Porzellan, das ab 1749 dort gebrannt wurde, war aufgrund seiner schlechten Qualität unverkäuflich. So verlor der Kurfürst das Interesse an dem unrentablen Unternehmen.

Diese Finanzlücke überbrückte in den Jahren zwischen 1751 und 1753 der Graf Haimhausen mit erheblichen Beträgen. Aber erst nachdem Joseph Jakob Ringler 1753 einen neuen Ofen installiert hatte, war die fabrikmäßige Erzeugung von Porzellan endlich möglich.

Ringler war Wiener, 1730 geboren, und von 1745 bis 1750 an der Wiener Manufaktur beschäftigt. Dort war er in den Besitz des „Arkanums" gekommen – es heißt, weil die Tochter des Direktors es ihm verraten habe. Er floh mit diesem Wissen zunächst nach Höchst, wo er der dortigen Manufaktur aus den Anfangsschwierigkeiten half, war 1752 in Straßburg und tauchte nun ein Jahr später in München auf. Wir werden ihm bestimmt wieder begegnen...

Durch die gemeinsamen Anstrengungen von Ringler und Graf Haimhausen kam es allmählich zu einer rentablen Produktion. Damit wurde das Unternehmen auch für den Kurfürsten wieder interessant und in „Churfürstliche Porcellain-Fabrique" umbenannt, allerdings mit Graf Haimhausen als Direktor. Es gibt eine berühmte Porzellanbüste des Grafen, die Franz Anton Bustelli modellierte. Wie er die Energie dieses – wie man heute sagen würde – Managers in den gebändigten Haarsträhnen und der Kopfhaltung ausdrückt, das ist mehr als gefälliges Rokoko. So elegant und zugleich so dramatisch bewegt wie Bustelli hat kaum jemand in Porzellan gearbeitet.

Über den Menschen Bustelli weiß man nichts, kein Geburtsdatum, keine Herkunft, nur Vermutungen über seine Ausbildung. Engagiert wurde er in Nymphenburg im November 1754. Seitdem gibt es eine Liste seiner Arbeiten für die Manufaktur. Zu über 100 Figuren hat er die Modelle gemacht. Doch als Figurist lieferte er auch Weihwasserbecken, Stockgriffe, Uhrgehäuse, Pfeifenköpfe und sicher auch die Modelle für die eine oder andere Terrine. Seine Figuren wurden durch ihre Ausdrucksstärke, Eleganz und Bewegtheit – fern aller theatralischen Übertreibung – zum Inbegriff des Nymphenburger Porzellans. Das hat selbst Johann Joachim Kaendler in seinen besten Tierfiguren nicht erreicht.

Die Bemalung war für Bustelli bei der Gestaltung der Figuren sekundär im Gegensatz zu Kaendler, der sie einplante. Das lag wohl an der für Nymphenburg eigentümlichen Glasur, die manche als grünlich bezeichnen: sie gibt auch den unbemalten Figuren eine ausdrucksvolle Plastizität. Aber eine wirklich gute Bemalung kann das alles noch steigern.

Die berühmteste Arbeit Bustellis ist eine Tafeldekoration: sechzehn Figuren der „commedia dell'arte", acht Paare spielen jeweils eine kleine Szene miteinander. Aus diesen feststehenden Typen des italienischen Theaters machte Bustelli lebendige, ausdrucksstarke Charakterstudien, die mit ihren dramatischen Posen die Tafel zur Bühne werden ließen.

Nur acht Jahre hat Franz Anton Bustelli für Nymphenburg gearbeitet. Im April 1763 starb er, unverheiratet und fast mittellos. Die Manufaktur war zu diesem Zeitpunkt bereits von Neudeck nach Nymphenburg übersiedelt, wo der Kurfürst seit 1756 neue Gebäude hatte errichten lassen. Dort wird übrigens noch heute Porzellan hergestellt. Man könnte sogar den Brennofen des 18. Jahrhunderts noch benutzen, wenn es nicht inzwischen wegen der Schadstoffemission verboten wäre.

Bereits im 18. Jahrhundert hatte das Porzellan aus Nymphenburg den Ruf, fast so gut zu sein wie Meißener Porzellan. Das lag einmal an der Qualität der Masse und Glasur aber vor allem der Malerei. Wenig Phantasie entwickelte man allerdings bei der Erfindung neuer Gefäßformen, lieber hielt man sich hier an die traditionellen Schüsseln und Platten. Die Hauptrolle spielt eben der gemalte Dekor, der allen Stücken eine augenfällige Eleganz verleiht.

Auch bei den Dekoren hielt man sich an bereits Bewährtes: Landschaften, allerdings in einem besonderen Grün, Vögel, Früchte, Paare und vor allem Blumen, die entweder nach Augsburger Stichvorlagen oder nach der Natur gemalt wurden. Der hervorragendste Blumenmaler war Josef Zächenberger, der zwischen 1760 und 1770 unzählige Stücke mit Blumen bemalt hat. Man weiß nur nicht genau, welche... Bis auf eine kleine Tabatière: die hat er signiert.

Ausgehend von diesem Stück kann man ungefähr die Teile des großen Hofservices bestimmen, die er bemalt hat. Dieses Service wurde mit seinen über 2000 Einzelteilen ab etwa 1755 über viele Jahre hinweg geliefert. Es ist der Höhepunkt der Nymphenburger Geschirrproduktion. Speziell die Jahre bis 1770 sind die beste Zeit für Nymphenburg gewesen. Danach setzten die Kämpfe ums Überleben ein. Es gab inzwischen zu viele Porzellanmanufakturen und die Wirtschaft insgesamt stagnierte.

Obwohl es noch einmal eine große Zeit zu Beginn des 19. Jahrhunderts gab, wurde der Schwung der frühen Jahre nicht mehr erreicht. Das damals hohe künstlerische Niveau der Bemalung zusammen mit einem ebenso hohen technischen Standard hat das Nymphenburger Porzellan zu einem der besten des 18. Jahrhunderts gemacht.

Opfernde Chinesin, Franz Anton Bustelli, Nymphenburg, um 1770 Schloß Nymphenburg, Bayerische Verwaltung der staatlichen Schlösser, Gärten und Seen, München

Franz Anton Bustelli war der Modelleur dieser opfernden Chinesin. Sie gehört zu einer vielfigurigen Tafeldekoration. Das ist einer der Gründe, daß solche Figuren von allen Seiten gleich reizvoll anzuschauen sind.

*Läuffer mit Consortin, Franz Anton Bustelli, Nymphenburg, um 1755
Museum für Kunst und Gewerbe, Hamburg*

Zu diesem Botengänger mit seinem Mädchen (links) gehört als Partnerfigur ein Bettler, dem das Mädchen gerade eine Münze in den Hut wirft. Alle drei Figuren sind Teil einer Tafeldekoration, deren Thema die kleinen Leute auf der Straße war.

Andere von Bustelli interpretierten Themen waren Handwerker oder Chinesen, Putten oder Kavaliere mit ihren Damen. Auch wenn Bustelli sie als Einzelfiguren schuf, waren sie immer auf eine zweite Figur bezogen.

Ganz in Weiß wie hier zeigen Bustellis Figuren bereits eine auffallende Schönheit. Aber eine gute Bemalung steigert noch den Ausdruck.

Bustelli hat alle seine Gruppen bis ins Detail durchgeformt. Die Figuren scheinen ganz spontane Bewegungnen auszuführen, ohne daß diese übertrieben und gekünstelt wirken. Selbst der Humor kommt nicht zu kurz. Man erwartet förmlich, daß der wütend bellende Hund in der Gruppe rechts dem frechen Kavalier im nächsten Augenblick an die Beine fährt. Der Ziegenbock, das alte Symbol für Geilheit, läßt keinen Zweifel aufkommen, warum das Paar sich in die Einsamkeit zurückgezogen hat.

Das Gegenstück zum „Liebespaar in der Ruine" ist „Der gestörte Schläfer" (oben). Hier kann die Dame beileibe nicht über die Zudringlichkeit ihres Kavaliers klagen. Ganz im Gegenteil scheint sie mit seinem Desinteresse entschieden unzufrieden. Man spürt förmlich den Augenblick der Ruhe vor dem Sturm. Gleich wird der Schläfer erschreckt hochfahren und der Hund aufspringen.

Obgleich bei beiden Gruppen die Rückseiten ausgearbeitet sind, waren sie doch eher dazu gedacht, auf dem Kaminsims als auf einer Festtafel zu stehen.

Der gestörte Schläfer, Franz Anton Bustelli, Nymphenburg, 1756
Museum für Kunst und Gewerbe, Hamburg

Das Liebespaar in der Ruine, Franz Anton Bustelli, Nymphenburg, 1756
Museum für Kunst und Gewerbe, Hamburg

Bustellis berühmteste Arbeit sind die Figuren aus der Commedia dell'arte. Aus den wohlbekannten Charakteren der italienischen Stegreifkomödie zauberte Bustelli eine Tafeldekoration, die den gedeckten Tisch zur Bühne machte. Jeweils acht Paare spielen eine Szene miteinander. Es ist die immer wieder variierte Liebesgeschichte zwischen Octavio und Isabella, die von ihrem Vater Pantalone dem Capitano zugedacht ist, der hier mit gezücktem Degen voll rasender Eifersucht heranstürmt und von der schreienden Leda gerade noch rechtzeitig aufgehalten werden kann.

Die Großaufnahme des Kopfes des Capitano zeigt, wie es Bustelli gelang, aus den feststehenden Typen der Commedia dell'arte lebendige kleine Charakterstudien zu machen, die durch eine feine Malerei noch lebendiger wirken können.

Man wird die von Bustelli modellierten Figuren der Commedia dell'arte nie mit gleicher Bemalung finden. Auch die Qualität kann beachtlich schwanken, je nachdem, wer die Bemalung zu welcher Zeit ausgeführt hat. Bemalte Figuren waren aber immer wesentlich teurer als unbemalte, die auch im Handel waren.

Capitano und Leda,
Franz Anton Bustelli, Nymphenburg,
1759/60
Museum für Kunst und Gewerbe,
Hamburg

*Platte und Terrine aus dem Hofservice,
Nymphenburg, 1760/65
Museum für Kunst und Gewerbe, Hamburg*

Die über 2000 Einzelteile dieses Prunkservices sind reich dekoriert mit Blumen und Insekten in glühenden Farben. Ein solcher Dekor entsprach dem Geist der Zeit. Glanzvoller Mittelpunkt ist wie immer die Terrine: wahrscheinlich wurde sie von Franz Anton Bustelli entworfen. Wer der Maler der verschwenderischen Blütenpracht ist, ist dagegen nicht genau zu bestimmen. Vermutlich Josef Zächenberger, bestimmt aber ein Meister seines Faches, wie die Detailansicht des Blumenschmucks der Platte (oben links) beweist.

Die stilistisch gleich bemalte Tabatière (Abbildungen unten) wurde ganz sicher von Josef Zächenberger gestaltet. Die feine Miniaturmalerei im Deckel hält selbst einer Großaufnahme stand: das ist die Perfektion des 18. Jahrhunderts. Ganz in der Ecke hat sich der Maler verewigt: „Zächenberger pictor". Diese Perfektion der Malerei findet man auch auf allen Teilen der ersten Lieferung des Hofservices um 1760. Es sind die gleichen leuchtenden, in sich differenzierten Farben, die viele Brennvorgänge erforderten.

*Tabatière,
Josef Zächenberger,
Nymphenburg, 1760/70
Schloß Nymphenburg,
Porzellansammlung Bäuml,
Bayerische Verwaltung der staatlichen Schlösser, Gärten und Seen,
München*

Landschaften aller Art waren in Nymphenburg wie auch in anderen Manufakturen ein beliebter und häufig verwendeter Dekor für Porzellan. Unerreicht ist allerdings die Qualität der Malerei auf Nymphenburger Stücken. Bei der Entwicklung neuer Gefäßformen zeigten die Nymphenburger Modelleure dagegen lange nicht soviel Phantasie wie die Meißener Kollegen.

Eine Ausnahme ist der hier gezeigte Rechaud. Im bauchigen Unterteil mit den Zuglöchern brannte ein Licht, wodurch der Brei oder die Morgensuppe im eingesetzten Napf mit Deckel warm gehalten wurde.

Die meisten Rechauds haben sich von der Nymphenburger Manufaktur erhalten, es gibt sie aber vereinzelt auch von Höchst.

Wie überall benutzte man auch in Nymphenburg Kupferstiche als Vorlagen für die Malerei. Der Maler dieser Szenerie mit den Pfauen und Hühnern auf der Kaffekanne rechts war vermutlich Joseph Lerch. Bestimmt aber hat er als Vorlage dazu das Titelblatt der „Sammlung von Feder-Vieh besonders Haus-Geflügel" benutzt, das der Ludwigsburger Maler Gottlieb Friedrich Riedel „inventirt und gezeichnet" und 1770 in Augsburg herausgegeben hat. Die zarten Farben im Rad des Pfaus entzücken durch ihre technische Vollkommenheit.

Rechaud, Nymphenburg, um 1765
Museum für Kunst und Gewerbe, Hamburg

Kaffeekanne mit Federviehdekor, Nymphenburg, um 1770
Museum für Kunst und Gewerbe, Hamburg

Tablett, Tasse und Kaffeekanne mit Pastichedekor; Nymphenburg, 1770/80
Städtisches Reiss-Museum, Mannheim

Diesen merkwürdigen Dekor findet man nur auf Porzellan aus Nymphenburg. Er gehört in die Gruppe der Stoffmusterdekore, mit denen klassizistisches Porzellan so oft geschmückt ist und dann wie in Seidenstoff eingehüllt erscheint.

Die Tasse hat die gerade Form mit dem einfachen Ohrenhenkel und der steilwandigen Untertasse, wie es um 1780 üblich war. Das Modell der Kanne gehört dagegen – wie das der Kanne mit dem Federviehdekor von Seite 83 – ins Rokoko.

Mit dem effektvoll arrangierten, neuen Dekor wurde die Rokokoform dem inzwischen veränderten Zeitgeschmack angepaßt.

Daß man sich in Nymphenburg mit dem eigentümlichen Pastichedekor nach der Realität gerichtet hat, zeigt dieser Ausschnitt aus einer Damenrobe aus dieser Zeit. Die Farbzusammenstellung auf Stoff und Porzellan ist nahezu identisch.

*Detail einer Damenrobe um 1775;
Schloß Ludwigsburg,
Württembergisches Landesmuseum, Stuttgart*

Dejeuner mit Antikenmedaillons,
Höchst, um 1780
Mittelrheinisches Landes-
museum, Mainz

In keiner anderen Manufaktur wurden so eigenwillige Kannenformen entworfen wie in Höchst. Die Dekoration dieses Frühstücksservices ist dagegen eher konventionell, denn sie richtet sich ganz nach der Mode um 1780. Die fast kontrastlose Ton-in-Ton-Malerei entsprach dem gerade herrschenden Bedürfnis nach Sparsamkeit. Auch die Medaillons, die Porträts von Dichtern und Philosophen zeigen, sind in dieser Grisaille-Malerei ausgeführt.

Höchst – Sorgenkind der Erzbischöfe

Die Anfangsjahre der Höchster Manufaktur waren schwierig, denn zunächst gelang nur die Produktion von Fayencen. Erst nach vier Jahren konnte man dann endlich auch Porzellan herstellen.

Das Domkapitel ließ ihm im Dom zu Mainz ein marmornes Denkmal errichten. Ein Denkmal ganz anderer Art errichtete er sich selbst: Johann Friedrich Carl von Ostein, der Mainzer Kurfürst und Erzbischof, erteilte 1746 das Privileg, in Höchst am Main, hart an der Grenze zum Territorium der Freien Reichsstadt Frankfurt, eine Porzellanfabrik zu betreiben. Sie erhielt zudem das Monopol auf 50 Jahre. Länger hat sie im übrigen auch nicht bestanden.

Die Vertragspartner waren Frankfurter Kaufleute: Johann Christoph Göltz und sein Schwiegersohn Johann Felician Clarus, der aber 1750 ausschied. Als technischer Leiter fungierte Adam Friedrich von Löwenfinck, der angeblich das „Arkanum" besaß.

Löwenfinck, 1714 geboren, war Maler in Meißen gewesen und dort unter sehr abenteuerlichen Umständen 1736 geflohen. Heute weiß man, daß er zwar ein phantasievoller und guter Maler war, das „Arkanum" aber nicht besessen hat. Sein Weg führte ihn über die Fayencemanufakturen von Bayreuth, Ansbach und Fulda nach Höchst. Ohne Zweifel hatte er auf diesen Stationen gelernt, wie man Fayencen herstellt. Und so gelang denn auch in Höchst „nur" die Produktion von Fayencen.

Die waren allerdings ausgezeichnet: ein burlesker Formenreichtum und eine Farbigkeit, wie sie schöner nicht vorstellbar sind. Da gibt es Terrinen mit phantastischen Deckelbekrönungen, Dosen in Form von Gemüsen oder Früchten, Kannen mit plastisch aufgesetzten Blumen und Henkeln in Astform, Baumstumpfkannen nach fernöstlichem Vorbild... Aber – es war halt kein Porzellan. So verließ Löwenfinck 1749 Höchst im Streit und ging nach Straßburg zur renommierten Fayencemanufaktur der Hannongs. Er starb bereits 1754 in Hagenau, dem Zweigbetrieb. Auch nachdem der Schwiegersohn Clarus ausgeschieden war, bestand Johann Christoph Göltz darauf, Porzellan zu produzieren. Da bot sich ihm 1750 Johann Benckgraff aus Wien zusammen mit Joseph Jakob Ringler an, der im vorigen Kapitel schon als Retter in der Not erwähnt wurde. Benckgraff wurde Direktor, Ringler baute einen neuen Ofen, und fünf Monate später produzierte man endlich auch Porzellan. Ringler zog schon 1752 nach Straßburg weiter und Benckgraff ging im Jahr darauf nach Fürstenberg, wo er gerade noch Zeit hatte, die Porzellanproduktion anzukurbeln, ehe er starb.

In Höchst stand Göltz wieder allein da. Er produzierte nun Porzellan und Fayence. Viele Stücke jener Zeit entstanden in beiden Materialien. Die Fayencen sind so vollkommen, daß sie als „Fayenceporzellan" bezeichnet wurden, das Porzellan mit seiner bewegten Modellierung kann seine Nähe zur Fayence nicht verleugnen. Die Maler bemalten beides. Trotzdem machte Göltz 1756 Bankrott.

Da sich weder ein Käufer noch ein Pächter fand, wurde die Manufaktur auf Kosten des Kurfürsten und Erzbischofs Ostein weitergeführt. Nur die Fayenceproduktion gab man 1758 auf. Einer der Verwalter war Johann Heinrich Maas. Er führte schließlich von 1756 bis 1764 die Manufaktur in eigener Regie und war endlich erfolgreich.

Aber danach gab es erneut Finanzprobleme, so daß Kurfürst und Erzbischof Emmerich Joseph von Breidbach, er regierte von 1763 bis 1774, die Umwandlung in eine Aktiengesellschaft anordnete. Diese Maßnahme verfehlte aber ebenso ihren Zweck wie der Umstand, daß man seit 1776 als „Churfürstlich Mainzische Manufaktur" firmierte: 1778 mußte Kurfürst und Erzbischof Friedrich von Erthal die Manufaktur in Staatsbesitz übernehmen.

Dem Porzellan sieht man all diese Schwierigkeiten und Wechsel nicht an. Höchster Porzellan gehört mit zum Anmutigsten, was im 18. Jahrhundert in Deutschland produziert wurde. Asiatisches hat man kaum kopiert, auch Unterglasur-Malerei gibt es nur wenig. Einige Geschirrformen und das Brandenstein-Relief hat man von Meißen übernommen. Von den Fayencen hat man wohl die Schalen und Körbchen mit durchbrochenem Gitterwerk abgeschaut. Es gibt auch hier den Rechaud wie in Nymphenburg. Und es gibt sehr typische „Lavoir"-Schalen mit Helmkannen. Von Prunkvasen, Büsten und den üblichen Servicen einmal abgesehen.

Besonders aber fällt bei den Rokoko-Porzellanen die zarte, miniaturhafte, oft sehr vom Temperament des Malers geprägte Malerei auf. Anfangs sind es vor allem Blumendekore, als Streublumen oder in üppigen Bouquets, dann kommen Figuren hinzu, Landschaften, Chinesenszenen und Tierdarstellungen, schließlich Motive der antiken Mythologie.

Als Blumenmaler und Bossierer wurde Simon Feilner geführt. Er wurde 1726 in der Oberpfalz geboren. 1747 war er Stukkateur in Saarbrücken und 1751 kam er nach Höchst. Benckgraff nahm ihn später mit nach Fürstenberg. Wir werden ihm wieder begegnen. In Höchst steht er am Anfang des für Höchst eigentümlichen Figurenprogramms. Es handelt sich meist um kleine Figuren, Bauern oder Komödianten. Lediglich Feilners Figuren lassen sich ihrem Schöpfer zuordnen, die meisten anderen Künstler aus dieser Zeit bleiben anonym.

Karl Gottlieb Lück war ein Jahr in Höchst, ehe er zusammen mit Johann Friedrich Lück nach Frankenthal ging, ein Künstler, dessen Figuren sich meist eindeutig identifizieren lassen.

Es hat lange Ungewißheit geherrscht über zwei andere Modellmeister der Manufaktur: Lauretius Russinger und Johann Peter Melchior. Russinger kam 1753 mit 13 Jahren an die Manufaktur. Neun Jahre später war er Modellmeister. Seine Figuren sind klar, aber ein bißchen ungelenk. 1767 verließ er Höchst, ging nach Zweibrücken und 1774 an eine Manufaktur in Paris, die er 1787 sogar übernahm. Dort starb er nach 1810.

Johann Peter Melchior war eindeutig der beste Modelleur, den Höchst in all den Jahren hatte. Er muß schon 1765 für die Manufaktur gearbeitet haben, Modellmeister war er von 1767 bis 1779. Er wurde 1770 sogar Hofbildhauer. In Höchst modellierte er vorwiegend Kinder, einzeln oder in Gruppen, die ihm auch seinen Nachruhm eingebracht haben. Seine Schäferinnen und Schäfer haben ebenfalls eine gewisse kindhafte Unschuld. Alle seine Figuren und Gruppen sind kleinformatig, selbst wenn es sich um antike Götter handelt. Diese behandelt er mit dem nötigen klassischen Ernst, weshalb sie nie so überzeugend wirken wie die Kinder und Schäfer. 1779 ging er dann nach Frankenthal.

Zu diesem Zeitpunkt hatte der Klassizismus das Rokoko auch in Höchst verdrängt. Statt Meißen war nun Sèvres, die Manufaktur des französischen Königs, das Vorbild. Man kopierte Formen und vor allem Dekore. Die Figuren sind jetzt nicht mehr so typisch für Höchst wie die Service. Es gibt hier Modelle, wie sie andere Manufakturen nie gewagt hätten. Der französische Einfluß ist unverkennbar, aber die französische Eleganz wurde in würdevollen deutschen Ernst verwandelt.

Die Franzosen waren es auch, die schließlich das Schicksal der Manufaktur besiegelt haben. Als die Revolutionstruppen Mainz besetzten, hörte der Kurstaat auf zu existieren. 1796 wurde auch die Höchster Manufaktur geschlossen.

Manierblumen; Detail vom Spiegel des Lavoirbeckens auf Seite 91

In Höchst war die Blumenmalerei von Anfang an von erstaunlicher Qualität. Bei dem Beispiel hier ist die botanische Treue der Darstellung noch nicht zugunsten einer schnell hingehuschten Manier aufgegeben, und trotzdem zeigt dieser lockere Strauß schon alle Merkmale der späteren Gefälligkeit.

Die in den ersten Jahren des Bestehens der Manufaktur wenig einfallsreichen Geschirrformen wurden immer durch eine hervorragende Malerei wettgemacht. Die beiden Kannen (siehe unten) mit ihren von Meißen übernommenen Formen sind dafür ein Beispiel. Auf beiden sind die lockeren Blumenarrangements ausgewogen und harmonisch über die Fläche verteilt und handwerklich perfekt gemalt.

Der Kurfürst und Erzbischof von Mainz, Friedrich Carl von Ostein (Abbildung rechts), hatte allen Grund, mit Wohlgefallen auf die schließlich in Gang gekommene Porzellanproduktion in Höchst zu schauen, denn vom künstlerischen Standpunkt aus konnten sich die Ergebnisse sehen lassen. Aber obwohl das 1746 erteilte Privileg das Monopol auf 50 Jahre einschloß, das heißt, keine Konkurrenz im eigenen Lande existierte, war der Absatz unbefriedigend. Die Manufaktur war und blieb ein Zuschußbetrieb.

Es dauerte bis 1750, bis man in Höchst Porzellan produzieren konnte, vorher gelangen nur Fayencen. Besonders das Lavoir – eine Helmkanne mit Becken zum Händewaschen – zeigt in seiner starken Reliefierung und der etwas schwerfälligen Form noch die Nähe zur Fayence.

Simon Feilners Figur „Bauer unterm Taubenhaus" (Seite 91 unten rechts), die er fast genauso in Fürstenberg wiederholte, ist gewissermaßen der Auftakt zu einer bemerkenswerten Figurenproduktion in der Höchster Manufaktur.

*Tee- und Kaffeekanne mit Manierblumen;
Höchst, um 1760
Mittelrheinisches Landesmuseum, Mainz*

Links: Lavoir, Höchst, 1750/60
Rechts: Bauer unterm Taubenhaus, Simon Feilner, Höchst, 1750/60
Mittelrheinisches Landesmuseum, Mainz

Freimaurergruppe;
Laurentius Russinger, Höchst,
1759/65
Mittelrheinisches Landesmuseum,
Mainz

In der Periode nach Simon Feilners Weggang ist Laurentius Russinger in Höchst der einzige Modelleur, den man noch heute mit Namen kennt. Ihm wird auch diese Laubengruppe mit der Freimaurerszene zugeschrieben.

Das Thema „Freimaurer" ist ungewöhnlich für eine erzbischöfliche Manufaktur, denn die katholische Kirche führte einen erbitterten Kampf gegen diese Gruppierung, zu der immerhin so bedeutende Männer wie Friedrich der Große, Kaiser Franz I., Mozart, der Freiherr von Knigge oder – in der Neuen Welt – Benjamin Franklin und George Washington gehörten.

Laurentius Russinger muß genaue Angaben vom Auffttraggeber bekommen haben oder selbst ein Freimaurer gewesen sein, denn sonst hätte er wohl kaum so genau über die Symbolgegenstände der Freimaurer informiert gewesen sein können.

Auf dem Detailfoto ist zum Beispiel zu erkennen, daß die Figur eine Maurerkelle, ein wichtiges Requisit der Freimaurer, in der Hand hält.

Kenner werden noch andere maurerische Eigentümlichkeiten entdecken.

Der Modelleur dieser Gruppe ist noch unbekannt. Er muß aber einen gewissen Sinn für Humor gehabt haben, denn die Figuren wirken wie verkleidete Kinder, auf die das Affenjunge rechts verdutzt herunterschaut.

Türkischer Sultan, Höchst, 1750–53 Mittelrheinisches Landesmuseum, Mainz

Tanzendes Paar; Johann Friedrich Lück, Höchst, 1758
Städtisches Reiss-Museum, Mannheim

Nur ein Jahr hat Johann Friedrich Lück auf seinem Weg von Meißen nach Frankenthal in Höchst gearbeitet. Hier schuf er vor allem höfische Szenen wie diesen Kavalier beim Tanz mit seiner Dame (Abbildung links). Die für seine Frankenthaler Produktion so typischen kleinen Köpfe mit den straff zurückgekämmten Haaren sind bei seinen Höchster Modellen noch nicht so ausgeprägt.

Mit Melchior hatte Höchst einen der bedeutendsten Modelleure des 18. Jahrhunderts gewonnen. Man nimmt an, daß er bereits mit 14 oder 15 Jahren in die Manufaktur eintrat und dort zum Modelleur ausgebildet wurde. Gleichzeitig dürfte er aber auch eine Ausbildung als Bildhauer erhalten haben, denn wie Beispiele im Dom zu Mainz beweisen, bewältigte er auch die große Form. 1770 wurde er Hofbildhauer.

Trotzdem sind es vor allem die Schäferszenen und Kindergruppen, die er für die Höchster Manufaktur schuf, die seinen Ruhm ausmachen.

Im Aufbau der Gruppe „Türkischer Sultan" von Seite 93 sehr ähnlich zeigen die Figuren des chinesischen Kaisers mit seinen Höflingen mehr Temperament. Es wurde lange gerätselt, wer diese Gruppe wohl modelliert haben könnte. Inzwischen weiß man, daß es Melchior war.

Chinesischer Kaiser, Johann Peter Melchior, Höchst, 1765 Mittelrheinisches Landesmuseum, Mainz

Der Schlummer der Schäferin, Johann Peter Melchior, Höchst, 1765 Mittelrheinisches Landesmuseum, Mainz

Trembleuse,
Höchst, um 1775
Mittelrheinisches Landesmuseum,
Mainz

Vasenpaar à l'antique,
Höchst, um 1780
Mittelrheinisches Landesmuseum,
Mainz

Diese Tasse entstand um 1775. Der Stil hatte sich bereits dem Klassizismus zugeneigt, und mythologische Motive wie hier hatten jetzt Vorrang.

Obgleich also die Manufaktur ihren Kunden die neueste Mode bot, ließ der Absatz zu wünschen übrig. Dazu muß aber auch bedacht werden, daß in den Jahren nach dem Siebenjährigen Krieg Mißernten und Klimaverschlechterungen allgemein zu wirtschaftlichen Schwierigkeiten führten.

Selbst eine solche bürgerliche Trembleuse zu kaufen, war für viele unerschwinglicher Luxus.

Trembleusen – rutschsicher in Porzellangittern oder in Vertiefungen der Untertasse verankerte Tassen – wurden von vielen Manufakturen angeboten. Man benutzte sie zum Frühstück im Bett, zu dem man auch Besuche empfing, und das zur damaligen Zeit in der Hauptsache aus einem heißen Getränk bestand.

In die letzte Phase der Manufaktur gehören auch diese Vasen mit den Biskuitreliefs, wie sie Wedgwood in England populär gemacht hatte. Dem Zeitgeschmack entsprechend ist das Porzellan förmlich unter der reichen Dekoration versteckt, und die Symmetrie des Dekors wird durch die Anordnung zweier gleichartiger Vasen nebeneinander noch verstärkt.

Überraschenderweise wurden auch solche Formen wie die Kannen rechts, die so modern wirken, als handele es sich um Entwürfe des 20. Jahrhunderts, in Höchst hergestellt. Einflüsse aus Frankreich sind dafür verantwortlich. Barbeau- oder Kornblumen waren in der Manufaktur des Duc d'Angoulême das bevorzugte Blumenmuster und die konische Form der Kannen zitiert Architekturentwürfe von Boullée und Ledoux.

*Konische Kannen mit Relief (hinten) und Barbeaublumen (vorne);
Höchst, 1780/90
Mittelrheinisches Landesmuseum, Mainz*

*Von links nach rechts:
Wärmeglocke, Platte und Terrine
aus dem Service für das
Breslauer Stadtschloß,
KPM, 1767/68
Kunstgewerbemuseum Schloß
Köpenick,
Staatliche Museen, Berlin*

König Friedrich II. bestellte 1767 ein Service für das Stadtschloß in Breslau. Von allen 24 Servicen, die für den König in der Berliner Manufaktur entstanden, ist dies wohl das vollkommenste. Man wählte die Form „Antikzierat" und versah sie mit blauen Schuppenfeldern über dem Rand aus gebündelten Stäben. Die Blumenmalerei in leuchtenden Farben pries man schon in der Entstehungszeit als „die schönste, die man jemals gesehen hat".

Sitzende Putten bilden die Griffe auf dem Deckel der Suppenterrine (rechts) und der Wärmeglocke (links). Solche Wärmeglocken gehörten nur bei KPM-Servicen zur Standardausführung, andere Manufakturen haben sie bestenfalls auf Bestellung geliefert – zum Beispiel Meißen für das Möllendorff-Service.

1768 bestellte der König übrigens eine Variante dieses Services mit purpurroten Schuppenfeldern.

KPM –
ein König als Fabrikherr

Die Geschichte der Königlichen Porzellan Manufaktur – KPM – ist eng mit der Geschichte Friedrichs des Großen verknüpft, denn immerhin hat er sich von 1763 bis zu seinem Tode 1786 höchstpersönlich um die Geschäfte gekümmert. Der königliche Fabrikherr erwies sich als außerordentlich geschäftstüchtig und verschaffte seiner Manufaktur zahlreiche Aufträge.

Mit dem Regierungsantritt Friedrich des Großen begannen 1740 in Preußen die Versuche, Porzellan herzustellen. Der König ließ sich dabei vor allem von der wirtschaftlichen Überlegung leiten, den preußischen Staat mit Hilfe von Manufakturen zu finanzieren. Daß dies möglich war, hatte er bei seinem Besuch in Dresden 1728 bereits erfahren. Aber erst 1751 konnte der König dem Wollzeugfabrikanten Wilhelm Caspar Wegely die Konzession zur Porzellanherstellung erteilen. Aus dieser Produktion ist nur wenig erhalten. Die damals entstandenen Stücke sind schwerfällig und unvollkommen, der Verkauf ging schleppend, und der König zeigte verständlicherweise wenig Begeisterung dafür. Zudem hatte er andere Sorgen: 1756 brach der Siebenjährige Krieg aus. Im Jahr darauf mußte Wegely den Betrieb schließen.

Gegen Ende des Krieges erwachte aber der Wunsch des Königs nach einer Porzellanproduktion auf preußischem Boden erneut. Der zuvor schon im Handel mit Meißener Porzellan erfahrene Kaufmann Johann Ernst Gotzkowsky – für ihn erfand Meißen das Relief „Gotzkowskys erhabene Blumen" – versuchte, seinem König diesen Wunsch zu erfüllen. 1761 begann er mit der Produktion. Er übernahm sogar einige der Arbeiter, die schon bei Wegely angestellt waren. Als Direktor holte er sich einen Sachsen: Johann Georg Grieninger. Er hätte gern auch Kaendler abgeworben, aber wenigstens kam dessen Schüler Friedrich Elias Meyer zusammen mit drei Malern nach Berlin. Der Anschluß an das künstlerische Niveau Meißens war damit erreicht. Der geschäftliche Erfolg blieb jedoch aus. Gotzkowsky mußte bald wieder aufgeben. Er verkaufte 1763 die Manufaktur an den König für die beachtliche Summe von 225 000 Talern.

Als Fabrikherr kümmerte sich Friedrich intensiv um sein neues Unternehmen. Er gebot nun über 143 Angestellte, besaß ein Lager von Tausenden von Geschirren, bemalte und unbemalte Porzellane sowie 133 Modelle. Diese Modelle behielt er vorläufig bei. Doch vom Zeitpunkt der Übernahme bis zu seinem Tod beeinflußte Friedrich II. alle Vorgänge in der Manufaktur. Er kannte den Produktionsprozeß ebenso gut wie die dem Porzellan eigenen künstlerischen Gesetzmäßigkeiten. Unaufhörlich spornte er seine Angestellten an, sich um neue Glasuren und Farben zu kümmern.

Anfangs war das Porzellan noch sahnig und ungleichmäßig, erst als man eine neue Rohstoffquelle erschloß, war Friedrich zufrieden. Jetzt hatte man den perfekten, harten und beinahe kaltweißen Scherben. Auch die Farbpalette wurde allmählich auf über 13 verschiedene Farbtöne erweitert, von denen das Rosenrot besonders gut gelang.

Immerhin hatte Friedrich eine leistungsfähige, moderne Manufaktur übernommen, zu deren wirtschaftlichem Erfolg er mit zwei Maßnahmen entscheidend beitrug: Eine seiner ersten Anordnungen galt der Marke. Er wählte das Szepter, das sich bis heute als Marke der KPM (Königliche Porzellan Manufaktur) erhalten hat. Und er erteilte seiner Manufaktur das Monopol und verhängte über die ausländische Konkurrenz Einfuhrverbot. Das taten übrigens alle anderen Fürsten, auf deren Territorium Porzellan produziert wurde, ebenfalls.

Der königliche Fabrikherr war sehr streng. Ständig mahnte er zur Einhaltung der Disziplin, zur Verbesserung der Qualität und duldete auch bei wachsender Produktion keine Fehler.

Er verschaffte seiner Manufaktur aber auch Aufträge. In seinen neuerbauten Potsdamer Schlössern wollte er eine besonders künstlerische Übereinstimmung zwischen Innenraum, Wanddekoration und Porzellan erreichen: das Tafelservice als ideale Ergänzung zu festlicher Repräsentation. So wurde 1765 das erste Potsdamer Service geschaffen. Es basierte auf dem vorhandenen Dekor

"Reliefzierat" und war für das Neue Palais bestimmt. Es war das erste von insgesamt 24 Servicen, die sich der Alte Fritz in seiner Manufaktur herstellen ließ. Sie dienten nicht nur seiner Vorliebe für kostbares Porzellan und der notwendigen Prachtentfaltung einer fürstlichen Hofhaltung, sondern waren auch die beste Werbung für die Manufaktur, denn die finanzkräftigsten Käufer saßen an der Tafel des Königs.

Der König war und blieb allerdings der beste Kunde seiner Manufaktur, und er zahlte korrekt und prompt den vollen Preis. Wenn seine Schatulle leer war, verzichtete er auf Aufträge. Ein großes Tafelservice kostete damals bis zu 7000 Talern. (Zum Vergleich: ein Arbeiter bekam jährlich etwa 150 Taler.)

Für seine Service erteilte der König genaue Anweisungen zu Dekor und Farbe, beschaffte Muster der Konkurrenz und bestimmte darüber hinaus den Stil der gesamten Produktion entscheidend mit. Die Arbeiten für den König, die zu den bedeutendsten Erzeugnissen der Manufaktur gehören, blieben jedoch keine Exklusivanfertigung. Sie gehörten anschließend zum Standardrepertoire, jeder, der sie bezahlen konnte, konnte sie kaufen.

Als Vorlage zu den figürlichen Dekormotiven dienten – wie in anderen Manufakturen auch üblich – Stiche berühmter Künstler. Der vom König besonders geschätzte Maler Watteau gehörte selbstverständlich dazu. Die Chinoiserien auf dem Tafelservice für Sanssouci basieren allerdings auf Vorlagen von Boucher.

Es war damals üblich, daß Fürsten, die über eine Manufaktur verfügten, fremden Fürsten und Gesandten großzügige Porzellanpräsente machten. Die Ausstattung so mancher Residenz mit kostbarstem Porzellan aus den Manufakturen Europas geht auf diese Gepflogenheit zurück. Verwandtschaftliche Beziehungen ließ ganze Sammlungen der entsprechenden „angeheirateten" Manufakturen entstehen. So schenkte Friedrich der Große eine Variante des ersten Potsdamer Services im Jahr darauf seinem Schwager, dem Markgrafen von Ansbach. Katharina die Große erhielt ein vielteiliges Dessertservice. Bevor es nach Rußland ging, konnten es die Berliner zwei Wochen lang bestaunen. Das Gedränge war lebensgefährlich, wird berichtet.

Großfürst Paul, der Nachfolger Katharinas, erhielt ein Service mit dem Doppeladler. Die Herzogin von York bekam ein Dejeuner. Und an den General Fouqué schrieb der König: „Nachdem Ihr meine Porzellan Manufaktur beleidigt habt, mein Lieber, muß ich sie rechtfertigen. Ich schicke Euch ein Frühstücksservice, das so schön ist, wie man es niemals in Meißen gearbeitet hat."

Solche Geschenke waren natürlich auch eine versteckte Werbung. Staatsbesuche wurden ebenfalls immer aufgefordert, die Manufaktur zu besichtigen. Die Mühe lohnte sich: in den 22 Jahren seiner Herrschaft machte das Unternehmen jedes Jahr knapp 20 000 Taler Gewinn. Der hohe Fabrikherr nutzte aber auch jede Absatzchance. Es gab bald in ganz Preußen Niederlagen der KPM. Er verfügte, daß ein Jude, wenn er eine Genehmigung von den Behörden brauchte, als Gegenleistung Porzellan erwerben mußte. Jedoch nicht, was ihm gefiel, sondern die Manufaktur teilte ihm zu, was sie loswerden wollte.

Die Liebe des Königs gehörte dem Rokoko. Den Formen des aufkommenden Klassizismus gegenüber war er sehr zurückhaltend. Sie gefielen ihm nicht. Nur aus wirtschaftlichen Überlegungen ließ er sich zu gemäßigten Annäherungen an den neuen Stil überreden.

Mit dem Tod des großen Königs verlor die Manufaktur 1786 ihren besten Manager. Sie blieb zwar weiterhin die „Königliche Porzellan Manufaktur", aber kein preußischer König gab ihr je wieder solche Impulse wie Friedrich der Große.

Ein Portrait Friedrich des Großen, Detail von der Apothekenbüchse auf Seite 108

Terrine und Teller mit Blaumalerei, Wegely, 1751–57
Kunstgewerbemuseum Schloß Köpenick, Staatliche Museen, Berlin

Seit 1751 stellte der Wollzeugfabrikant Wilhelm Caspar Wegely in Berlin Porzellan her. Aber dem König, dem eine Porzellanmanufaktur in seinem Land aus ökonomischen Gründen willkommen gewesen wäre, gefielen die unvollkommenen Produkte nicht. Als 1756 auch noch der Siebenjährige Krieg ausbrach, mußte Wegely aufgeben. Viel hat sich aus dieser Produktion nicht erhalten. Die wenigen Stücke sind grobschlächtig, die Reliefs wirken ungelenk. Doch typisch sind die hier zu sehenden aufgelegten Blattranken und die stehenden Putten als Deckelgriff (Abbildung links).

Als nächster versuchte Johann Ernst Gotzkowsky 1761 des Königs Wunsch nach einer Porzellanmanufaktur zu erfüllen. Er übernahm einige Mitarbeiter Wegelys und warb etliche Fachkräfte aus Meißen ab. Friedrich Elias Meyer war darunter, der in den folgenden Jahrzehnten nicht nur zauberhafte Figuren modellierte, sondern auch großen Einfluß auf die Geschirrgestaltung nahm. Das hier gezeigte Modell „Reliefzierat" wurde in diesen Jahren entwickelt. Es ist allerdings nicht ganz klar, ob Meyer nicht einfach ein Fürstenberger Modell kopiert hat – einschließlich der Masken unter dem Ausguß. Doch dieses Problem mögen die Experten unter sich aushandeln. Für die Geschichte der Berliner Manufaktur genügt die Tatsache, daß das Modell, obwohl es noch in der Ära Gotzkowsky entstand, weiterbenutzt wurde, als der König 1763 die Manufaktur in Eigenregie übernahm.

Teile aus einem Kaffeeservice, Gotzkowsky, 1764
Kunstgewerbemuseum Schloß Köpenick,
Staatliche Museen, Berlin

Ausschnitt aus einem Dessertteller des Zweiten Potsdamer Services; KPM, 1767 Kunstgewerbemuseum Schloß Köpenick, Staatliche Museen, Berlin

1767 machte der preußische König seinem Schwager, dem Markgrafen von Ansbach, ein wahrhaft königliches Geschenk: ein Tafelservice, wie es im Jahr zuvor für das Potsdamer Neue Palais angefertigt wurde. Einziger Unterschied: die Zwickel wurden zartgrün statt ocker und gold ausgefüllt, und die Blumenmalerei geriet etwas kräftiger in den Farben. Für diese Kombination entschied sich wenige Jahre später auch der König. Und eine dritte Auflage erlebte das Service 1770/71, als es der König mit zitronengelben Zwickeln bestellte.

Für die erste große Bestellung des Königs griff man auf das Modell „Reliefzierat" zurück und ergänzte es mit Spalierstäben, an denen sich Blütenranken hochwinden. Mit all den für ein königliches Tafelservice notwendigen Zutaten gilt es heute als das künstlerisch vollendetste friderizianische Rokokoservice (unten).

Der Modelleur Friedrich Elias Meyer, einer der besten deutschen Modelleure seiner Zeit, schuf die schlanken Figuren mit den kleinen Köpfen: die vier Elemente zur Plat de ménage – dem prunkvollen Mittelstück der Tafeldekoration mit Gefäßen für Salz, Senf, Essig, Öl und andere Gewürze – und vier stehende Gärtner und Gärtnerinnen als Jahreszeiten, die Konfektkörbchen für das Dessert halten.

1769 bestellte der König ein Tafelservice für Sanssouci. Teile daraus sind auf der Abbildung rechts zu sehen.

Man wählte das Modell „Neuglatt", dessen wichtigstes Ornament, die Rocaille, nur noch sparsam vorhanden ist. Malerei und Vergoldung machen aus diesem Service einen Nachzügler des Rokoko. Dekoriert wurde es mit Chinesenszenen nach Stichen von Boucher. Gedeckt wurde damit die Tafel im Japanischen Teehaus. Dann bildete die Plat de ménage mit dem Fruchtkorb auf der Palme den krönenden Mittelpunkt. Die exotischen Zitronen, die ein Zeichen für Reichtum und Überfluß waren, wurden darin aufgetürmt. Das Modell für die Figur stammt von Wilhelm Christian Meyer.

Von links nach rechts: Wärmeglocke, Dessertteller, zwei Figuren mit Konfektkörbchen, Teilstück der Plat de ménage, Teller und Löffel aus dem Ersten Potsdamer Service; KPM, 1765/66 Kunstgewerbemuseum Schloß Köpenick, Staatliche Museen, Berlin

Teller und Fruchtkorb aus dem Service für Sanssouci;
KPM, 1769/70
Kunstgewerbemuseum Schloß Köpenick, Staatliche Museen, Berlin

Zwei Jahre vor seinem Tod bestellte der König das letzte seiner insgesamt 24 Service. Wieder griff man auf ein Rokokomodell „Neuzierat" zurück. Aber Knauf und Henkel gehören zum Klassizismus. Doch viel wichtiger als die Form ist bei diesem Service die Farbe, das sogenannte „bleu mourant".

Der König hatte sein Schlafzimmer in Sanssouci in dieser Farbe dekorieren lassen. Und weil es seine Lieblingsfarbe war, wollte er sie auch auf Porzellan sehen. In Sèvres verstand man, diesen Ton zu treffen. Die Berliner Manufaktur brauchte drei Jahre und einige Werkspionage in Frankreich, bis es ihr gelang, das „sterbende Blau" zu entwickeln. Als „blümerant" – ein Ausdruck für Unbehagen – ist der Begriff sogar in die Umgangssprache eingegangen.

Der Nachfolger Friedrich des Großen, Friedrich Wilhelm II., bestellte ein Vogelservice für das Schlößchen auf der Pfaueninsel. Auch das ist ein wirklich königliches Service mit seinen leuchtenden Farben auf dem klarweißen Porzellan. Die virtuos gemalten heimischen und exotischen Vögel sind präzise aus akademischen Lehrbüchern kopiert. Aber trotz der leuchtenden Farben wirkt alles jetzt „klassizistisch" kühl und distanziert.

Bouillonterrine aus dem Service für Sanssouci, KPM, 1784
Kunstgewerbemuseum Schloß Köpenick, Staatliche Museen, Berlin

*Dessertteller und ovales Terrinchen aus dem Service für die Pfaueninsel; KPM, 1795
Kunstgewerbemuseum Schloß Köpenick, Staatliche Museen, Berlin*

Alle Service, die für den königlichen Fabrikherrn angefertigt wurden, kamen auch in den normalen Verkauf, falls jemand den Preis bezahlen konnte. So war notgedrungen ein großer Teil der Produktion auf die langsam altmodisch werdenden Rokokoformen festgelegt. Den neuen Stiltendenzen stand der König nämlich sehr zurückhaltend gegenüber. So konnte man dem sanftgerundeten Modell „Neuglatt" dieses Dejeuners nur mit an Münzen erinnernden antiken Köpfen einen Hauch von Klassizismus verleihen. Das mißfiel dem König nicht, denn er war ein leidenschaftlicher Sammler antiker Münzen.

Dejeuner; KPM, um 1780
Kunstgewerbemuseum Schloß Köpenick, Staatliche Museen, Berlin

Oft wurden die kostbaren Porzellangeschenke in Schatullen eingepaßt, weniger, um sie auf Reisen zu benutzen, sondern die schön gearbeiteten Lederetuis sollten den Wert der Gabe noch unterstreichen. Für die Tasse verwendete man das Modell „konisch", und auch sonst ist sie ganz im klassizistischen Stil gearbeitet. Die Silhouette stellt Katharina die Große dar. Auf dem Unterteller erscheint der Anfangsbuchstabe ihres russischen Namens „Ekaterina" unter der Krone.

Der Deckeltopf rechts wiederholt ein Modell von 1775 und zeigt ein Porträt Friedrich des Großen. Beide Stücke sind ungewöhnlich für die Produktion der Manufaktur noch zu Lebzeiten des Königs, weil sie sich strikt an den klassizistischen Stil halten, den der König eigentlich nicht mochte. Aber die Manufaktur war immer gehalten, Porzellane zu fertigen, die „dem Publico am besten gefallen und die den größten Abgang haben..."

Links: Deckeltasse in Schatulle; rechts: Apothekenbüchse; KPM, um 1780
Kunstgewerbemuseum Schloß Köpenick, Staatliche Museen, Berlin

*Prunkvase mit Dekor „en terrasse";
KPM, 1790/1800
Kunstgewerbemuseum Schloß
Köpenick,
Staatliche Museen, Berlin*

Unter den Nachfolgern des großen Königs wurde vieles anders. Nur die Qualität der Porzellanproduktion blieb auf einem vergleichbar hohen Niveau. Große Prunkvasen wurden nun für viele Jahre eine Spezialität der KPM. Diese Vasen haben oft einfache Formen, und ihr symmetrisch angeordneter Dekor orientiert sich an antiken Steinvasen.

Die Blumenmalerei wurde durch den Malereivorsteher Johann Friedrich Schulze zwischen 1787 und 1823 wiederbelebt und im wahrsten Sinne des Wortes zu neuer Blüte gebracht. Er gilt auch als Erfinder dieses Dekors „en terrasse": den beetartig angeordneten naturgetreu gemalten Blumen. Dieser Dekor wurde selten von einer anderen Manufaktur kopiert und ist deshalb fast ein Berliner Markenzeichen.

Teile aus einem Kaffee- und
Teeservice,
Frankenthal, um 1760
Städtisches Reiss-Museum,
Mannheim

Dieses um 1760 entstandene Kaffee- und Teeservice nimmt eine Sonderstellung innerhalb der Frankenthaler Produktion der Frühzeit ein. Die Form ist schönstes Rokoko und noch schöner ist der Dekor. Daß gleich zu Beginn so perfekte Service gelangen, ist erstaunlich, denn Paul Anton Hannong aus Straßburg, der 1755 die Manufaktur in einer leerstehenden Kaserne etablierte, hatte bis zu diesem Zeitpunkt hauptsächlich Fayencen hergestellt.

Die Hannongs brachten fast alle Arbeiter der Manufaktur aus Straßburg mit, und nur einige von ihnen hatten bereits Erfahrungen mit der Porzellanherstellung.

Frankenthal – Lieblingskind des Kurfürsten

Frankenthal wurde von den Hannongs aus Straßburg gegründet. Solange sie die Manufaktur führten, gab es einen regen Austausch an Modellen und Arbeiten mit der Fayencerie in Straßburg.

Im Jahr 1755 gab Carl Theodor, Kurfürst von der Pfalz, den Anstoß für zwei Projekte, die ihm zeitlebens am Herzen liegen sollten: Schloß Benrath im Süden von Düsseldorf und die Manufaktur Frankenthal in der Nähe von Mannheim. Die Konzession zur Herstellung von Porzellan erhielt Paul Anton Hannong aus Straßburg.

Die Hannongs besaßen in Straßburg eine Fayencerie, die die schönsten und elegantesten Fayencen des Rokoko hervorbrachte. Ihr Ehrgeiz zielte jedoch auf Porzellan. Sie begannen 1751 mit einer kleinen Produktion, doch mußten sie einer königlichen Verordnung wegen aufgeben. In Frankreich hatte man Weichporzellan schon seit etwa 1678 hergestellt. Manufakturen waren gegründet worden, darunter 1738 Vincennes. Das war eine Aktiengesellschaft, die von König Ludwig XV. protegiert wurde und seit 1745 eine Art Monopol hatte. Dieses wurde 1753 verschärft und die Manufaktur 1756 nach Sèvres verlegt. Kurz darauf erwarb der König alle Rechte, aber Hartporzellan wie in Deutschland wurde dort erst ab etwa 1768 hergestellt.

Als Paul Anton Hannong seine mit Hilfe von Johann Jakob Ringler begonnene Porzellanproduktion in Straßburg einstellen mußte, verschaffte er sich die Konzession in der Pfalz. Eine leerstehende Kaserne in Frankenthal wurde übernommen, und zwei seiner Söhne wurden mit der Leitung betraut. Joseph Adam Hannong kaufte dann 1759 seinem Vater das Unternehmen für 125 273 Livres ab.

Alle Arbeiter der Manufaktur hatten die Hannongs aus Straßburg mitgebracht. Sie alle hatten Erfahrungen im Formen und Bemalen von Fayencen, einige waren sogar an der bescheidenen Porzellanproduktion beteiligt gewesen. So stand die Qualität des Frankenthaler Porzellans von Anfang an auf einem sehr hohen Niveau. Trotzdem verkaufte Joseph Adam Hannong die Manufaktur 1762 an den Kurfürsten für 50 804 Gulden – er zahlte damit seine Brüder aus –, um die Fayencerie in Straßburg nach dem Tod des Vaters allein führen zu können.

Frankenthal wurde nun von kurfürstlichen Beamten geleitet. Mit deren Auswahl hatte Carl Theodor Glück. Schon unter dem ersten technischen Direktor Adam Bergdoll erlebte die Manufaktur ihre Blütezeit. 1775 übernahm jener Simon Feilner, der von Höchst nach Fürstenberg gegangen war, die Leitung und behielt sie bis zum Schluß.

Solange die Hannongs in Frankenthal bestimmten, gab es einen regen Austausch mit Straßburg. Man hatte mit den Menschen auch die Formen mitgebracht. Und mitunter läßt sich gar nicht sagen, ob eine Figur nun in Straßburg oder Frankenthal ausgeformt wurde – wenn es Porzellan ist. Hat man Fayencemasse verwendet, ist es bei gleichem Motiv einfach: die Porzellanfiguren sind immer kleiner, weil die Masse durch die höhere Brenntemperatur stärker schwindet, und da in Frankenthal nur mit Porzellan gearbeitet wurde, muß die größere Fayencefigur aus Straßburg stammen. Neben der hohen Qualität der Service sind es vor allem die Figuren, die den Ruhm Frankenthals bis heute ausmachen. Vom ersten bis zum letzten Tag gab es dort ausgezeichnete Modelleure. Gleich den ersten hatte man aus Straßburg mitgebracht, wo er seit 1748 für die Hannongs gearbeitet hatte: Johann Wilhelm Lanz. Seine ersten Erfahrungen mit Porzellan hatte er schon in Straßburg gemacht. Bis 1761 ist seine Tätigkeit in Frankenthal nachzuweisen, denn seine Arbeiten erkennt man an der bei aller Pummeligkeit natürlichen Anmut der Figuren. Es ist zu vermuten, daß Lanz auch für Serviceteile die Modelle gefertigt hat. Einen gewissen Einfluß hatte er sicher auf Johann Friedrich Lück, der 1758 nach Frankenthal kam.

Lück wurde 1728/29 in Sachsen geboren und war seit 1741 in Meißen als Modelleur ausgebildet worden. 1758 kam er über Höchst nach Frankenthal. Er blieb aber nur sechs Jahre. Dann ging er nach Meißen zurück, wo er schließlich Karriere machte: 1794 wurde er Vorsteher des Formerkorps, starb aber schon 1797. Wirklich bekannt sind aber nur seine Arbeiten in Höchst und Frankenthal. Seine Figuren haben immer puppenhafte Gesichter und kleine Köpfe mit straff in Wellen zurückgekämmten Haaren. Während Johann Friedrich Lück in seinen Figuren eher dem Höfischen zuneigt, bevorzugt sein Vetter, Karl Gottlieb Lück, bürgerlich-naturalistische Szenen.

Karl Gotlieb Lück wurde 1730 ebenfalls in Sachsen geboren und hatte seine Ausbildung in Meißen 1744 begonnen. Wie Johann Friedrich verließ er Meißen 1757 – also zu Beginn des Siebenjährigen Krieges – und arbeitete 1758 ebenfalls in Höchst. Nach Frankenthal kam er erst 1760, doch im Gegensatz zu seinem Vetter blieb er dort bis zu seinem Tode 1775. Er war ein scharfer Beobachter, der seine Figuren realistisch und perfekt modellierte.

Anmutiges Rokoko und klassizistische Eleganz verbinden sich in den Arbeiten des Bildhauers Konrad Linck. Er wurde 1730 in Speyer geboren und starb 1793 in Mannheim, wo er seit 1763 Hofbildhauer war. Für die Manufaktur in Frankenthal hat er 1762–66 gearbeitet, aber auch danach bis 1780 weiterhin Modelle geliefert. Er gilt als einer der besten Modelleure des 18. Jahrhunderts. Seine Figuren sind immer maßvoll in der Bewegung, die Gesichter haben einen feinen Ausdruck. Die Gruppen sind ausgewogen komponiert, die notwendige Abstützung ergibt sich immer logisch aus der Haltung, und der Sockel ist harmonisch auf die Figur bezogen. Er kreierte vor allem mythologische Szenen und Allegorien für die Manufaktur.

Schäferpaare, Bauern und ländliche Musikanten waren eine Frankenthaler Spezialität. Sie tanzten in einem heiteren Reigen als Dekoration über die Tafeln der Sommerresidenzen. Bekannte und unbekannte Modelleure haben sie geformt. Solche Schäferszenen wurden auch noch produziert, als der Klassizismus das Rokoko längst abgelöst hatte.

In dieser Zeit kam Johann Peter Melchior von Höchst, wo er mit seinen Kindergruppen berühmt geworden war. Auch in Frankenthal modellierte er von 1779 an noch Kinder- und Schäferszenen, doch – dem Zeitgeist entsprechend – standen jetzt auch bei ihm die antiken Themen im Vordergrund. 1793 haben die französischen Revolutionstruppen seine Tätigkeit in Frankenthal beendet. Er ging nach München, wo er von 1797 bis 1822 für die Manufaktur in Nymphenburg arbeitete. Dort ist er 1825 gestorben.

So bedeutend die Frankenthaler Figurenproduktion auch ist – man darf darüber die Service nicht vergessen. Das wohl berühmteste Frankenthaler Service ist das „Vogelservice". Es wurde für den Kurfürsten als Ergänzung eines Services aus Sèvres angefertigt. König Ludwig XV. hatte es 1760 Carl Theodor geschenkt. Auch die Ergänzungsstücke haben das gleiche blau-weiße Rautenmuster wie das Original. Eine zweite Version hat ein grünes Randmuster. 1771 erschien die Frankenthaler Variante mit einem Spalier stilisierter Blüten. Vogeldekore waren um diese Zeit die große Mode. Fast genauso beliebt waren Früchte und Blumen, Landschaften, bäuerliche und mythologische Szenen, vor allem aber Jagdmotive, die der Kurfürst besonders liebte.

Durch das persönliche Interesse des Kurfürsten hatte sich die Qualität des Porzellans seit 1755 auf einem hohen Niveau halten können: Die perfekte Malerei hatte als Untergrund auch immer eine makellose Glasur. Das blieb auch so, als der Kurfürst Bayern erbte und die Residenz nach München verlegen mußte. Trotz Nymphenburg blieb Frankenthal „seine" Manufaktur.

Der Niedergang Frankenthals begann erst nach 1788, sicher auch der unsicheren politischen Zeiten wegen. Als die französischen Truppen die Pfalz besetzten, währten die Streitigkeiten der verschiedenen Besitzer solange, bis die Manufaktur 1799 endgültig schließen mußte. Viele der Arbeiter wurden nach Nymphenburg übernommen.

Dekordetail von dem Service auf Seite 110/111

Diese Manierblumen sind duftig und vollendet gemalt. Solche Qualität ist auf deutschem Porzellan zu dieser Zeit ganz ungewöhnlich. Das läßt die Vermutung zu, daß der Maler dieses Services aus Straßburg mit den Hannongs nach Frankenthal kam.

Jahreszeitengruppe Winter, links: Fayence, Straßburg, um 1750; rechts: Porzellan, Frankenthal, um 1760
Städtisches Reiss-Museum, Mannheim

Laubengruppe mit Vogelkäfig; Johann Wilhelm Lanz, Frankenthal, um 1760
Städtisches Reiss-Museum, Mannheim

Wohlwollend blickt Carl Theodor von der Pfalz von seinem Porträt (links) auf die Produkte der Manufaktur. In Straßburg hatten die Hannongs nur Fayence herstellen dürfen. Viele dieser Fayenceformen nahm man von Straßburg nach Frankenthal mit. So wurde auch die Doppelgruppe des Winters wiederholt, aber statt wie in Straßburg als Fayence, wurde sie in Frankenthal in Porzellan modelliert. Es gibt nur kleine Unterschiede in den Details. Und insgesamt ist die Ausformung kleiner, weil die Porzellanmasse beim Brand stärker schwindet.

In Straßburg hatte Johann Wilhelm Lanz bereits die Gruppe des „Winters" modelliert. Er ging mit den Hannongs nach Frankenthal und wurde zum bedeutendsten Modelleur dieser Anfangsjahre. Auch dieses Paar in der Laube mit dem Vogelkäfig besticht, wie seine anderen Figuren, durch die natürliche Anmut der Bewegung.
Die Figuren von Lanz erkennt man an einer gewissen Pummeligkeit. Sie wirken wie alterslose Kinder.

Jagdlaube mit Rebhuhn; Johann Friedrich Lück, Frankenthal, um 1765
Städtisches Reiss-Museum, Mannheim

*Stiefelmacher, Essigmann und Buchbindergruppe; Carl Gottlieb Lück, Frankenthal, um 1770
Städtisches Reiss-Museum, Mannheim*

Händler und Hausierer als Tischdekoration – Johann Friedrich Lücks Vetter Carl Gottlieb, der mit ihm aus Meißen kam und in Frankenthal blieb, hat sie mit Vorliebe modelliert.

Wie perfekt er arbeitete, zeigt der Kopf des Stiefelmachers (links). Sein Sinn für einen fast drastischen Realismus macht sich besonders bei solch volkstümlichen Figuren und bürgerlichen Szenen bemerkbar.

Eine der schönsten Gruppen von Johann Friedrich Lück ist die „Jagdlaube mit Rebhuhn" (Abbildung Seite 116). Die Bezeichnung „Laubengruppe" kommt von der rahmenden Gartenkulisse. Diese Gruppen standen immer mit der Rückseite zur Wand auf Kaminsimsen oder auf Konsolen. Lück modellierte eher höfische Paare, und die Jagd war ein wichtiges gesellschaftliches Ereignis. Die Eleganz seiner Figuren zeigt auch das Detailfoto des Kopfes der Jägerin.

Sieg der Schönheit über den Neid;
Konrad Linck, Frankenthal,
um 1775
Städtisches Reiss-Museum,
Mannheim

Allegorien sind nicht immer leicht zu deuten. So hat auch dieses Mittelstück einer Tafeldekoration mehrere mögliche Bezeichnungen. Meistens wird die Gruppe jedoch als „Sieg der Schönheit über den Neid" benannt. Es ist eine typische Arbeit des Bildhauers Konrad Linck, der als einer der besten Modelleure Frankenthals und des 18. Jahrhunderts überhaupt gilt. In seinen Arbeiten verbinden sich phantasievolles Rokoko und klassizistische Eleganz.

Lincks Arbeiten erkennt man an dem feinen Ausdruck der Gesichter. Sie sind lieblich, aber nicht süßlich, und seine Figuren sind immer maßvoll in der Bewegung.

Tafelaufsatz Apoll mit den vier Elementen;
Johann Peter Melchior, Frankenthal, um 1780
Städtisches Reiss-Museum, Mannheim

Der letzte der großartigen Modelleure Frankenthals war Johann Peter Melchior. Er kam 1779 von Höchst, wo er mit seinen Kindergruppen berühmt geworden war. In Frankenthal schuf er zwar weiterhin auch Schäferszenen, doch dem Zeitgeist entsprechend verlegte er sich vor allem auf allegorische Szenen in antikem Gewand. Bei diesem Tafelaufsatz erhebt sich Apoll über die vier Elemente Erde, Feuer, Luft und Wasser.

Das berühmteste Frankenthaler Service ist das Vogelservice. Es basiert auf einem Sèvres-Service, das der Kurfürst 1760 vom französischen König als Geschenk erhielt. Es sind meist exotische und weniger einheimische Vögel, die sich auf Tellern und Schüsseln im Geäst tummeln.

Zu Anfang wurde die Manufaktur nur beauftragt, Ergänzungsstücke für das Sèvres-Service zu liefern. Diese haben das weißblaue Rautenmuster des Originals, das auf das Wittelsbacher Wappen anspielt. Eine zweite, hier gezeigte Version hat ein solches Randmuster in Grün, das in Verbindung mit dem Vogeldekor als die harmonischere Lösung erscheint. Ein Spalier mit stilisierten Blüten ist eine dritte Variante. Dadurch und durch eine andere Farbzusammenstellung wirkt der Dekor festlicher.

Das Detailfoto links zeigt verschiedene Randvarianten des Vogelservices.

Randvarianten des Vogelservices;
Frankenthal,
zwischen 1765 und 1771
Städtisches Reiss-Museum,
Mannheim

Teile aus dem Vogelservice;
Frankenthal, 1771
Städtisches Reiss-Musum,
Mannheim

Teile aus dem Jenner-Service; Frankenthal, 1781/82 Städtisches Reiss-Museum, Mannheim

Auch in Frankenthal waren wie in anderen Manufakturen viele Service Auftragsarbeiten. Sie tragen dann oft das Wappen dessen, für den sie bestimmt waren. Dieses Service ging als Geschenk des Kurfürsten an den Berner Ratsherrn und Patrizier Johann von Jenner in die Schweiz und kehrte erst vor wenigen Jahren nach Mannheim zurück.

Mit seinen Dekoren gehörte Frankenthal zu den einfallsreichsten deutschen Manufakturen. Die Formen übernahm man indessen eher von den anderen. Was dabei zu einem Speiseservice gehörte, war inzwischen für alle Manufakturen verbindlich.

Zu einer Tafel von 30 Couverts (Gedecken) gehörten allein zwei kleine und zwei große Terrinen. Diese Terrinen standen immer auf Platten, von denen aber nur noch wenige erhalten sind.

*Teile aus einem Lever-Service;
Gottlieb Friedrich Riedel und
Johann Friedrich Steinkopf,
Ludwigsburg, 1762/63
Schloß Ludwigsburg,
Württembergisches Landes-
museum, Stuttgart*

Herzog Carl Eugen ließ 1762/63 in seiner Manufaktur ein kostbares Lever-Service für die Marchesa Giovanelli Martinengo anfertigen. Die aus 58 Teilen bestehende Garnitur umfaßte von Tischglocke, Frühstücksservice, Schnupftabakdose, Kleiderbürste, Puderpinsel, Lavoir, Leuchter, Schere mit Etui, Fingerhüten, Nadelbüchsen und Garnwicklern so ziemlich alles, was zur Morgentoilette einer vornehmen Dame gehörte, bis hin zum Nadelkissen auf einem Kommödchen mit Schubladen. Und dies nicht etwa zum Gebrauch, sondern einzig, um von den Besuchern während der zeremoniellen Morgentoilette – dem sogenannten Lever – bewundert zu werden. Sogar der Spiegelrahmen ist aus Porzellan. Er ist die Kopie des silbernen Spiegelrahmens aus der Reisetoilette des Herzogs.

Die Entwürfe für das umfangreiche Service stammen von Gottlieb Friedrich Riedel. Er hat auch zusammen mit Johann Friedrich Steinkopf die schönen Landschaften gemalt.

Ludwigsburg – fürstliches Prestigeobjekt

In Ludwigsburg kam der weitgereiste Josef Jakob Ringler endlich zur Ruhe. In keiner anderen deutschen Manufaktur ist der französische Einfluß so deutlich sichtbar wie in Ludwigsburg. Das gilt besonders für die Figurenproduktion, an der ein französischer Modelleur entscheidend mitgearbeitet hat.

Keiner der anderen die Porzellanherstellung favorisierenden Fürsten hat es so deutlich ausgesprochen wie der Herzog Carl Eugen von Württemberg: daß eine Porzellanmanufaktur „notwendiges Attribut des Glanzes und der Würde" eines Herrschers sei. So steht es im Dekret zur Gründung der Manufaktur in Ludwigsburg 1758.

Zu ihrem Direktor wurde ab Februar 1759 Joseph Jakob Ringler bestellt, der ja bereits in Höchst, Straßburg und Nymphenburg die Porzellanproduktion in Gang gesetzt hatte. Von Nymphenburg war er nach Ellwangen gegangen, und dort hatte man nur in den zwei Jahren seiner Anwesenheit wirklich Porzellan gebrannt, davor und danach reichte es nur zu Fayencen.

Auch in Ludwigsburg war die Produktion nur mit Ringlers Hilfe möglich geworden. Hier aber blieb er nun in Amt und Würden bis zu seinem Tod 1804. Gleich zu Anfang hatte er eine glückliche Hand bei der Verpflichtung von Modelleuren, Bossierern und Malern. Einige warb er aus Frankenthal ab.

Das war vor allem Gottlieb Friedrich Riedel, der bis 1779 als Obermaler in Ludwigsburg blieb. Riedel wurde 1724 in Dresden geboren und hat 1743 bis 1756 in Meißen gearbeitet. Möglicherweise hat auch ihn der Ausbruch des Siebenjährigen Krieges vertrieben. Er ging für ein Jahr nach Höchst und wurde dann von 1757 bis 1759 Direktor der Malerei in Frankenthal.

In Ludwigsburg war er nicht nur Obermaler, sondern auch Oberfarbenlaborant. Außerdem entwarf er einschließlich der Genregruppen alles, was verlangt wurde. Die Jahre zwischen 1760 und 1770 gehörten zu den fruchtbarsten der Manufaktur, in dieser Zeit befand sich die Produktion künstlerisch zeitweise auf dem höchsten Niveau. Die Geschirrformen orientierten sich anfangs an Meißen, auch das Ozier übernahm man von dort. Doch Kannen und Terrinen stehen auf recht eigenwilligen Volutenfüßen. Vollends die Deckelbekrönungen zeigen mehr als in anderen Manufakturen Gemüse, Obst, Geflügel, sitzende Figuren, Putten und sogar Löwen. Selbstverständlich gab es als „radierte Dessins" Rocaillen – noch regierte das Rokoko auch in der Manufaktur Ludwigsburg.

Riedel entwarf jedoch auch ein Relief, das es nur hier gibt: das Schuppenmuster. Seit 1765 überzogen diese Schuppen vollständig die Flächen von Tee- und Kaffeeservicen. Als Untergrund für Malerei eignete sich dieses Muster allerdings nicht sehr gut. Riedel hätte das wissen müssen, denn er malte ja selbst Landschaften, Figurenszenen, Vögel und Blumen auf Porzellan.

Seine aufwendigste Arbeit ist wohl das aus 58 Teilen bestehende Toilettenservice für die Marchesa Giovanelli-Martinengo in Venedig. Es war ein Geschenk Herzog Carl Eugens an die Marchesa. Solche Service wurden kaum wirklich benutzt, sie dienten lediglich der festlichen Repräsentation beim Lever, der zeremoniellen Morgentoilette in Anwesenheit von Höflingen und Besuchern. Riedel hat bei diesem Service, das er 1762 entwarf, seine ganze Meisterschaft entfaltet. Und er hat es teilweise eigenhändig bemalt.

Aber noch ein anderer Maler war daran beteiligt: Johann Friedrich Steinkopf, der mit Riedel zusammen bereits in Frankenthal war und mit ihm 1759 nach Ludwigsburg ging. Die als Blüten geformten Deckelgriffe sind von erstaunlicher Feinheit und Plastizität. Das läßt auch auf eine entsprechende Figurenproduktion schließen. Und wirklich sind die grazilen Figuren aus Ludwigsburg noch besser als das Geschirr. Zuerst hatte man noch Probleme mit den Proportionen. Aber dann entstanden hier mit die schönsten Figuren des ausgehenden Rokoko.

Riedel zeichnete auch hierfür Entwürfe. Zum Beispiel für die „Venezianische Messe". Das war ein Fest für den Hof und die Bürger von Ludwigsburg, das der Herzog in Anlehnung an den Karneval in Venedig ausrichtete. Man erschien maskiert und verkleidet zur täglichen Promenade in der neuen Residenz. Zur Erinnerung daran modellierte Riedel 1765 das bunte Treiben mit Verkaufsständen, Bauern, Handwerkern und Marktbesuchern als Tafeldekoration. Motive mit Handwerkern oder Bettlern zur Tafeldekoration boten zwar auch die anderen Manufakturen an, keine jedoch konnte die dazugehörigen Verkaufsbuden offerieren.

Größten Einfluß auf die Ludwigsburger Figuren hatten auch die Bildhauer Beyer und Lejeune. Johann Christian Wilhelm Beyer wurde 1725 in Gotha geboren, erhielt seine Ausbildung in Dresden, Stuttgart, Paris und Rom, teilweise auf Kosten des Herzogs von Württemberg. Schließlich kehrte er nach Württemberg zurück und war von 1759 bis 1767 für Carl Eugen als Bildhauer tätig. In diesen Jahren hatte er auch die Aufsicht über die Bossierer, die seine Modelle in Porzellan umsetzen mußten. In seinen Figuren verbindet sich aufs Glücklichste Rokoko und Klassizismus. Seine antiken Götter und Allegorien verraten in ihrer Haltung die intensive Beschäftigung mit den Originalen in Rom. Und selbst die Motive aus dem Leben des einfachen Volkes zeigen jene gewisse Eleganz, die seine höfischen Damen und Kavaliere auszeichnet.

Sein Hauptwerk für Ludwigsburg sind die sieben „Musiksoli". 1768 ging Beyer nach Wien, wo er zwei Jahre später Hofbildhauer wurde und die Statuen für den Park von Schloß Schönbrunn schuf. Dort starb er 1806. Einige Arbeiten für Ludwigsburg hat er glücklicherweise in Stichen zusammen mit den für Wien gedachten Plastiken veröffentlicht. Danach lassen sich seine Figuren ganz gut identifizieren: Sie sind feingliedrig, harmonisch ausbalanciert, sie haben liebliche Gesichter mit einem manchmal melancholischen Ausdruck.

An der Ausführung von Beyers Figuren in Porzellan muß Jean Jaques Louis mitgearbeitet haben. Denn gerade die Beyerschen Musikanten zeigen auch seine Handschrift: legere, eng am Körper liegende Kleidung mit weit offenem Ausschnitt und vor allem nachlässig verrutschte Strümpfe.

Jean Jaques Louis wurde 1703 in Namur geboren, war ab 1754 in Tournai und arbeitete von 1762 bis 1772 als Oberbossierer in Ludwigsburg. Er hat sehr lebensechte Figuren zusammengesetzt und vor allem seine volkstümlichen Typen sind fast zu elegant in ihrer Haltung. Diese französische Eleganz zeichnet die Ludwigsburger Figuren insgesamt aus. Dazu haben sicher auch die Modelle des Hofbildhauers Pierre François Lejeune beigetragen. Lejeune hat noch lange nach Beyers Weggang die Manufaktur damit versorgt.

Trotz all dieser so überaus fähigen Künstler war die Manufaktur nie ohne Zuschüsse existenzfähig. Zeitweise wurden sie zwar probeweise gestrichen, doch das ließ sich nicht durchhalten. Dies mag einer der Gründe gewesen sein, warum Gottlieb Friedrich Riedel 1779 nach Augsburg ging, wo er fünf Jahre später starb. In Augsburg betätigte er sich erfolgreich als Kupferstecher und Verleger.

Nach dem Tode Carl Eugens 1793 geriet die Manufaktur endgültig in Schwierigkeiten. Das wurde erst mit dem Regierungsantritt Herzog Friedrich Eugens 1797 etwas besser. Er wurde 1806 von Napoleons Gnaden König, und damit wurde die Manufaktur auch wieder zum Prestigeobjekt. Durch die Verpflichtung französischer Fachkräfte kam es zu einer neuen Blüte. Was jetzt entstand, ist schönstes Empire. Doch dieses Niveau ließ sich nach dem Tod König Friedrich I. 1816 nicht halten, die Manufaktur mußte 1824 schließen.

Deckel einer Dose aus dem Lever-Service von Seite 122/123

Hauchzarte Blüten sitzen auf den Deckeln der Dosen als Griff – man wagt kaum, sie anzufassen! Plastisch aufgelegte Ranken winden sich um die Terrinenhenkel. Aber bei aller Vielfalt ist doch eine harmonische Übereinstimmung der einzelnen Dekorationen miteinander vorhanden.

1765 entwarf Gottlieb Friedrich Riedel die Gefäßformen und das berühmte Schuppenrelief. Dieses Relief ist ein besonders geglücktes Beispiel für das Spiel der Lichtreflexe auf Porzellan. Es erfordert einen sehr virtuosen Pinsel, um auf diesem Untergrund die Manierblumen so zur Wirkung kommen zu lassen, wie es auf der Abbildung rechts zu sehen ist.

Keine andere Manufaktur hat das Relief je kopiert. Es wurde nur in Ludwigsburg für Kaffee-, Tee- und Schokoladengeschirr verwendet.

Ist es Zufall oder Absicht, daß fast zur gleichen Zeit ein Brokat gewebt wurde, der auch ein Schuppenmuster zeigt?

Zwar ist es auf den Kopf gestellt, aber ansonsten ähnelt es doch sehr dem Schuppenrelief von Gottlieb Friedrich Riedel. Wer da von wem inspiriert wurde, läßt sich allerdings nicht mehr feststellen.

Ausschnitt aus einem Staatsfrack, um 1770, Schloß Ludwigsburg, Württembergisches Landesmuseum, Stuttgart

Von links nach rechts: Teedose, Kakaokanne und Teekanne; Ludwigsburg, 1765
Schloß Ludwigsburg, Württembergisches Landesmuseum, Stuttgart

Ausschnitt aus dem Venezianischen Markt; Gottlieb Friedrich Riedel, Ludwigsburg, 1760/65
Schloß Ludwigsburg, Württembergisches Landesmuseum, Stuttgart

In Erinnerung an den Karneval in Venedig, den Herzog Carl Eugen erlebt hatte, veranstaltete er in Ludwigsburg die „Venezianische Messe". Das war ein großes Hoffest, zu dem Buden und Stände aufgebaut wurden, und die Damen und Herren in Maskenkostümen zur nachmittäglichen Promenade erschienen. Gottlieb Friedrich Riedel hielt dieses berühmte Fest in einer vielteiligen Tafeldekoration fest. Sie steht zwar in der Tradition der damals beliebten Tafeldekorationen mit Hausierern und Handwerkern, aber keine andere Manufaktur lieferte dazu auch die Buden und Verkaufsstände und die unters Volk gemischten hohen Herrschaften.

Die Detailaufnahme des Firmenschildes zeigt ein „Marchand de la porcelaine", eine Bude, wo Porzellan verkauft wurde.

Daß man Porzellan auf einem Jahrmarkt erstehen konnte, entsprach allerdings nur bedingt der Realität. Dorthin gelangte bestenfalls, was man heute zweite oder gar dritte Wahl nennen würde, oder unverkäufliche Weißware, die von kleinen Hausmalern aufgekauft und dekoriert worden war.

*Drei Figuren aus den Musiksoli;
Johann Christian Wilhelm
Beyer, Ludwigsburg, 1765/66
Schloß Ludwigsburg,
Württembergisches Landes-
museum, Stuttgart*

Johann Christian Wilhelm Beyer schuf ohne Zweifel die schönsten Figurenmodelle für die Manufaktur in Ludwigsburg. Unübertroffen sind die insgesamt sieben Figuren von Musikanten und tee- und schokoladetrinkenden Zuhörern. Man musiziert offenbar in einem häuslichen Rahmen. Die mehr als lockere Kleidung läßt darauf schließen. Aber diese legere Kleidung mit den verrutschten Strümpfen – eigentlich von Jean Jaques Louis für Ludwigsburg eingeführt – wurde gewissermaßen zu einem Erkennungszeichen für Figuren dieser Manufaktur. Beyer hat diese großzügige Einblicke gewährende Kleidung übernommen, um die Privatheit der Szene zu betonen. Die Gesichter der Figuren von Beyer haben einen lieblichen oder etwas melancholischen Ausdruck, den die Großaufnahmen der Köpfe des Violin- und des Waldhornbläsers besonders schön zeigen. Sie haben feingliedrige, geschmeidige Körper, die trotz aller Lebhaftigkeit harmonisch wirken.

*Dejeuner des Prinzen Paul,
Ludwigsburg, 1813
Schloß Ludwigsburg,
Württembergisches Landes-
museum, Stuttgart*

Am Neujahrstag 1806 hatte der württembergische Herzog feierlich die Annahme der Königswürde proklamiert. Doch er war König von Napoleons Gnaden. Für die Manufaktur bedeutete das, daß man sich weiterhin nach dem französischen Vorbild richten konnte. Statt königliches Louis XVI. zu imitieren, bewegte man sich nun in den Formen des napoleonischen Empire.

Seit 1800, also nach der Rückkehr Napoleons von seinem Feldzug nach Ägypten, verwendete man auch immer wieder ägyptische Motive. Schlangen und Krokodile als Henkel, Pharaonenköpfe auf den Kannen und hieroglyphenartige Zeichen auf den breiten Goldbändern – so konsequent hat keine andere Manufaktur in Deutschland ägyptische Motive verarbeitet.

Das hier gezeigte Dejeuner war ein Geschenk für den Prinzen Paul, den zweiten Sohn des württembergischen Königs. So schmücken Porträts der königlichen Familie die einzelnen Teile. Auf dem Tablett (Abbildung unten) sind die spielenden Kinder des Prinzen Paul zu sehen.

Die Porträts wurden von Karl Heinrich Küchelbecker gemalt, der auch Zeichenlehrer der königlichen Familie war.

Für die Manufaktur war Königin Charlotte Mathilde, deren Portrait die Milchkanne auf Seite 132 unten schmückt, von einiger Bedeutung. Zwischen 1810 und 1818 dekorierte die begeisterte Laienmalerin eine ganze Reihe von Vasen und Tellern mit Grisaillen (Ton-in-Ton-Malerei), die sie mit "CM" signierte. Mit Vorliebe malte sie nach grafischen Vorlagen Tiere in der Landschaft. Aber auch Motive der antiken Mythologie setzte sie in Porzellanmalerei um.

Antike Henkelziervase; signiert mit „CM 1814", Ludwigsburg, 1814 Schloß Ludwigsburg, Württembergisches Landesmuseum, Stuttgart

Teile aus einem Kaffeeservice mit mythologischen Szenen; Volkstedt, 1780/90
Museum für Kunst und Gewerbe, Hamburg

Die kleinen Manufakturen in den Wäldern Thüringens produzierten vorwiegend für ein bürgerliches Publikum. Ihre Anfangsschwierigkeiten mit der Porzellanmasse wurden mehr oder weniger schnell überwunden. Um 1780 waren fast alle in der Lage, konkurrenzfähiges Porzellan herzustellen. Dieses Service aus Volkstedt ist ein Beispiel für die erreichte Qualität. Es zeigt darüber hinaus die in fast allen Thüringer Manufakturen bevorzugte klassizistische Form.

Aus Thüringen – bürgerliches Porzellan

Thüringer Porzellanmanufakturen stehen zu unrecht im Ruf der reinen Massenproduktion. Zwar wurde auch preiswertes Gebrauchsporzellan für das aufstrebende Bürgertum hergestellt, aber daneben immer auch liebevoll gestaltete Einzelstücke, deren Qualität mit denen der anderen Manufakturen durchaus konkurrieren konnte.

Der Begriff „Thüringer Porzellan" bezieht sich nicht nur auf eine einzige Manufaktur: in vier Jahrzehnten entstanden 14 Fabriken, die in erster Linie Artikel des täglichen Bedarfs wie Kaffee-, Tee- und Speiseservice vor allem für das Bildungsbürgertum produzierten. Die politischen und desolaten ökonomischen Verhältnisse in den zwölf Zwergstaaten in der Mitte Deutschlands förderten die Gründung so vieler Unternehmen. Bis auf eine Ausnahme verdanken sie ihre Existenz der Initiative von Bürgern.

Mit dem Gründungsjahr 1757 ist Gotha die älteste der Thüringer Manufakturen. Ein Jahr nach Ausbruch des Siebenjährigen Krieges ergriff der Geheimrat Wilhelm Theodor von Rotberg die Gelegenheit, Meißen Konkurrenz zu machen. Das Privileg für eine Porzellanmanufaktur war in den Miniaturstaaten Thüringens leicht zu bekommen, hofften doch alle Fürsten, ihren armen und verschuldeten Ländern mit jeder Art von Industrie auf die Beine zu helfen.

Doch es war leichter, die Manufaktur zu errichten, als auch wirklich Porzellan herzustellen. In Gotha hatte man damit in der ersten Zeit enorme Schwierigkeiten. Doch dann gelang es innerhalb weniger Jahre, die Produktion auf ein hohes künstlerisches Niveau zu bringen und auch zu halten. Nur zu Anfang formte man reliefierte Gefäße, die Mängel überspielen konnten. Doch als man um 1780 endgültig zu den schlichten Formen des Klassizismus übergegangen war, kam dies der Reinheit der Masse, der fehlerlosen Glasur und der exzellenten Malerei nur zugute.

An dieser Entwicklung hatten drei Männer seit 1772 großen Anteil: die Maler Christian Schulz, Johann Georg Gabel und Johann Adam Brehm. Zehn Jahre später pachteten sie übrigens gemeinsam die Manufaktur. Bis ins 19. Jahrhundert hinein gehörte Gotha zu den herausragenden Manufakturen Thüringens, kenntlich an der hervorragenden Malerei von Blumen, Landschaften, Schäferszenen und Putten, antiken Göttern und Medaillen, und später dann auch Porträts.

Auch die nächste Manufakturgründung, Volkstedt, hatte ihre Anfangsschwierigkeiten. Diese Manufaktur wurde 1760 von dem Studiosus Georg Heinrich Macheleid gegründet, der an der technischen Seite des Unternehmens offenbar mehr interessiert war als an der kaufmännischen, denn er war ein Tüftler und Eigenbrötler. Er zog sich auch bald von der Leitung zurück, und die Manufaktur wurde 1767 an den Kaufmann Christian Nonne verpachtet. Macheleid blieb indessen der Manufaktur weiter treu verbunden.

Fürst Johann Friedrich von Schwarzburg-Rudolstadt hatte das Privileg erteilt, der einen gewissen Anteil an dem immer wieder mit finanziellen Schwierigkeiten kämpfenden Unternehmen nahm. Er bestellte sogar 1765 ein Hofservice, dessen Terrinen und Saucièren noch in Rokokoformen schwelgten. Ansonsten übernahm man erst einmal Geschirrformen von Meißen, ehe man sich den gerade herrschenden Moden anglich. Auch hier kam es schließlich zu einer beachtlichen Qualität: ein reines Weiß und eine makellose Glasur, auf der die Malerei am besten ihre Wirkung entfalten konnte. Trotzdem wurde die „Porzellan-Sozietät" 1799 an Karl Holzapfel und Wilhelm Greiner verkauft.

Im gleichen Jahr wie Volkstedt – 1760 – wurde auch Kloster Veilsdorf, die einzige fürstliche Manufaktur, von Prinz Friedrich Wilhelm Eugen von Sachsen-Hildburghausen gegründet. Prinz Eugen war kein regierender Fürst, das war sein Bruder, und von ihm bekam er auch erst 1765 das entsprechende Privileg. Aber Prinz Eugen war ein weltoffener und technisch interessierter Mann, der die Manufaktur mit großem Engagement, jedoch weniger großem geschäftlichen Talent führte. Probleme mit einer unreinen Masse, die beim Brand immer wieder riß, gab es bis 1765, doch danach begann die künstlerisch wertvolle Periode mit vorzüglichen Dekoren auf ansprechenden Formen. Geschäfte machte man indessen nicht damit. Kein Wunder, daß mit dem Tod des Prinzen seine Erben die Manufaktur zu verkaufen versuchten, die übrigens als einzige auch Galanteriewaren wie Nadelbüchsen, Flohbeinchen, Parfümbehälter und ähnliches herstellte. 1797 ging sie in den Besitz der Greiners in Limbach und Rauenstein über.

Die Versuche, das Porzellan „nachzuerfinden", reichen in Thüringen zurück bis in die dreißiger Jahre. Es gab bereits eine Anzahl Fayencefabriken und Glasbläsereien als Basis für die technische Weiterentwicklung. Die Rohstoffe, Kaolin und vor allem Holzkohle, lagen gewissermaßen vor der Haustür. Solche Versuche unternahm auch Johann Georg Hamann mit seinen Partnern Gotthelf und Johann Gottfried Greiner, zu denen der Arkanist Johann Georg Dümmler stieß. 1762 versuchte man, eine Konzession vom Fürsten von Schwarzburg-Rudolstadt zu bekommen. Als dies nicht gelang, wich man auf das Territorium von Coburg-Saalfeld aus, wo 1764 die Manufaktur Wallendorf auf einem Rittergut eingerichtet wurde. Hier produzierte man einfaches Geschirr für bürgerliche Käufer, meist etwas graustichig und unrein. Die Bemalung kopierte beliebte Muster von Meißen. Das taten fast alle Thüringer Manufakturen und sie waren damit an der Popularisierung der Meißener Dekore entscheidend beteiligt. Man darf aber nicht glauben, daß hier ausschließlich Massenware entstanden sei. Auch in Wallendorf konnte man mehr: neben feinem Porzellan waren es besonders fröhlich-naive Figuren in zeitgenössischen Kostümen, deren Charme und Spontaneität eine gewisse provinzielle Derbheit vergessen lassen.

Die Geschirre aus Wallendorf sind von denen aus Limbach kaum zu unterscheiden. Der an Wallendorf beteiligte Gotthelf Greiner gründete Limbach 1772. Auch hier wurden Meißener Formen und Dekore nachgeahmt. Neben dem Reisigheckenmuster war die typische, wohlfeile Ware vor allem mit dem besonders beliebten Strohblumenmuster dekoriert.

Gerade von Limbach gibt es aber auch sehr reines und sorgfältig bemaltes Porzellan für den gehobenen Geschmack, das der Manufaktur ihre Existenz bis 1850 sicherte.

Ilmenau, das später einige Zeit in das Ressort des weimarischen Ministers Goethe fiel, wurde 1777 gegründet, gewann aber nur langsam eine gewisse Bedeutung.

1779 wurde die Manufaktur Gera ins Leben gerufen, wechselte aber bereits im Jahr darauf den Besitzer: sie ging an den Hofmaler Johann Andreas Greiner und den Hofkommissar Johann Georg Wilhelm Greiner. Anfangs wurde die Manufaktur noch mit tatkräftiger Unterstützung von Volkstedt betrieben, doch ab 1782 fand man den eigenen, unverwechselbaren Weg. Die Qualität des Porzellans war allerdings nicht besonders gut: die Masse ist nicht immer reinweiß, die Glasur dick und die Oberfläche oft uneben; für die herkömmlichen Kaffee- und Teegeschirre war sie jedoch ausreichend. Reizvoll ist aber immer die anmutige und sorgfältige Malerei. Die wenigen Figuren sind ungewöhnlich schlank und beschränken sich auf die Darstellung verschiedener Berufe.

Rauenstein, das zu einer der wichtigen Manufakturen des 19. Jahrhunderts wurde, entstand 1783. Die Gründer waren wieder drei Mitglieder der Familie Greiner. Überhaupt könnte man die Geschichte der thüringischen Manufakturen auch als eine Geschichte der Familie Greiner schreiben, denn irgendwann war jede der Manufakturen, die man nicht alle aufzählen kann, für kürzere oder längere Zeit im Besitz eines oder mehrerer der zahlreichen Mitglieder dieser Familie.

Große Geschäfte hat man mit dem Porzellan allerdings nie gemacht, dazu waren die Manufakturen zu klein. Wallendorf als eine der größten hatte 1781 nur 50 Arbeiter. Sie verdienten 4–15 Gulden im Monat. (Zum Vergleich: ein Dejeuner kostete etwa 10 Gulden.) Meist war die Belegschaft klein, und die Malerei wurde fast immer in Heimarbeit vergeben. Trotzdem hat Porzellan aus Thüringen immer einen gewissen Charme. Nicht umsonst ist es gegen Ende des 18. Jahrhunderts zu einem ernsthaften Konkurrenten für Meißen geworden. Es lag nicht nur an der preiswerten Ware...

Fischermädchen; Gera, 1780/90 Museum für Kunst und Gewerbe, Hamburg

In der Manufaktur Gera beschränkte man sich mit dem Figurenprogramm hauptsächlich auf Berufsdarstellungen, die Götter der Antike kommen nur in Ausnahmefällen vor. Die künstlerische Qualität der ungewöhnlich schlanken Figuren ist jedoch immer bemerkenswert.

Sultan und Sultanin; Kloster Veilsdorf, 1765, Museum für Kunst und Gewerbe, Hamburg

Wenn von Thüringer Porzellan gesprochen wird, glauben viele Leute, daß es sich ausschließlich um Gebrauchsgeschirr handelt. Aber daß man selbst in Wallendorf – eine gerade wegen ihrer Massenware bekannte Manufaktur – sehr wohl mehr konnte, zeigen die beiden Figuren Winter und Herbst, die es in bezug auf Haltung und Bemalung durchaus mit denen großer Manufakturen aufnehmen können.

Die Fürsten der thüringischen Kleinstaaten erteilten zwar bereitwillig die Privilegien zur Manufakturgründung und stellten, wie im Falle Volkstedt, durchaus auch Gebäude zur Verfügung, finanzielle Hilfen waren indessen nicht zu erwarten. Selbst mit Aufträgen hielt man sich zurück. So waren die Manufakturen gezwungen, sich in ihrer Produktion nach dem Markt zu richten, und das bedeutete, dem Geschmack des bürgerlichen Publikums Genüge zu tun. So war auch das Figurenprogramm Volkstedts darauf ausgerichtet, wie am Beispiel des rechts abgebildeten Gärtnerpaares ersichtlich. In einer Preisliste von 1795 erscheinen neunzig verschiedene figürliche Arbeiten. Gemarkt sind die wenigsten. Man erkennt sie jedoch meist an den hochgewölbten Sockeln und an ihrer zarten Kolorierung. Manche Zuschreibung steht indes auf buchstäblich porzellanenen Füßen, da die Ähnlichkeit mit den Figuren aus Limbach und Wallendorf zu groß ist.

Der höfische Hintergrund der Manufaktur Kloster Veilsdorf läßt sich an der eleganten Haltung und reichen Bemalung von Sultan und Sultanin (links) ablesen. Dem Gesichtstypus nach könnten sie von Wenzel Neu stammen, dem die Manufaktur viele Figurenmodelle zu verdanken hat. Das orientalische Herrscherpaar gehört vermutlich zu einer Tafeldekoration, in der die vier Erdteile dargestellt wurden. (Die Existenz Australiens war zur damaligen Zeit noch weitgehend unbekannt.)

Rechts: Winter und Herbst, Figuren aus einer Jahreszeitenfolge, Wallendorf, um 1770
Museum für Kunst und Gewerbe, Hamburg

Unten: Gärtner und Gärtnerin, Volkstedt, 1775/80
Museum für Kunst und Gewerbe, Hamburg

Deckeltasse, Limbach, 1775/80
Museum für Kunst und Gewerbe, Hamburg

Als Gotthelf Greiner sich aus Wallendorf zurückzog, gründete er 1772 die Manufaktur Limbach. Aber die Verbindungen zu Wallendorf blieben bestehen, die Produktion läßt sich oft kaum unterscheiden. Auch aus Limbach kam nicht nur Gebrauchsgeschirr. Mit dieser Deckeltasse folgte man der neuesten Mode von 1780. Der Lorbeerkranz als Deckelgriff ist eine Übernahme aus Berlin, der Henkel findet sich in dieser Form auch an Tassen aus Meißen. Die Urnenform der Tasse und das Medaillon mit Silhouette gegenüber dem Henkel (deshalb hier kaum noch zu sehen) wurde auch in Berlin häufig verwendet.

Typisch für Wallendorf ist einfacheres Porzellan wie diese Koppchen. Die Bemalung kopiert das beliebte Reisigheckenmuster aus Meißen, und auch das Relief des gebrochenen Stabes hat man dort abgeschaut (siehe Seite 49). Das taten fast alle Thüringer Manufakturen – Rauenstein zum Beispiel oder auch Limbach, wie an der Kaffeekanne zu sehen. An der Popularisierung der Meißener Dekore waren die thüringschen Manufakturen, die ja für ein breites Publikum produzierten, entscheidend beteiligt. Heute muß man im Antiquitätenhandel selbst nach solchen Stücken beharrlich suchen.

Links: Koppchen mit Unterschalen; Wallendorf, um 1780; rechts: Kaffeekanne, Limbach, 1790/1800
Museum für Kunst und Gewerbe, Hamburg

Die einzige fürstliche Gründung in Thüringen – wenn auch nicht vom Fürsten selbst, sondern nur durch den Bruder des Landesherrn – war Kloster Veilsdorf. Mitten im Siebenjährigen Krieg, 1760, begann man dort mit der Porzellanherstellung. Man versuchte wie diese Terrine künstlerisch auf eigenen Füßen zu stehen, und das gelang vor allem mit einer durchweg eigenständigen Malerei.

Aus einzelnen Teilen wurde der Zierkohl für den Deckel der Suppenterrine zusammengefügt (Abbildung oben). Gemüse als Deckelgriff kommt eigentlich von den Fayencegeschirren, wurde aber auch auf Porzellanterrinen allgemein üblich – wenn man nicht die exotischen und deshalb kostbaren Zitronen vorzog.

Terrine, Kloster Veilsdorf, 1765/70, Museum für Kunst und Gewerbe, Hamburg

Gegen Ende des 18. Jahrhunderts kamen Deckeltassen wieder in Mode. Wieder waren es Einzelstücke, die in erster Linie als Erinnerungstassen für die Vitrine gedacht waren. Diese Tasse aus Wallendorf – dünnwandig, fast weiß und miniaturhaft fein bemalt – ist ein gutes Beispiel dafür. Ganz typisch ist sie indes nicht. Denn in dieser 1764 gegründeten Manufaktur wurde hauptsächlich Massenware hergestellt.

In Gera wurde die Manufaktur erst 1779 gegründet, mit Hilfe von Volkstedt aufgebaut und in den ersten Jahren als eine Art Filialbetrieb geführt, ehe man ab 1782 eigene Wege ging. Für Gera blieb jedoch die etwas graustichige Masse und die unreine Glasur typisch. Dies wird aber ausgeglichen durch die stets reizvolle Malerei. All das zeigt die Deckeltasse. Kranz und Schleife sind ein Beleg dafür, daß man auch ausgezeichnet plastisch arbeiten konnte.

Deckeltasse; Wallendorf, um 1790, Städtisches Reiss-Museum, Mannheim

Deckeltasse; Gera, 1780/90, Museum für Kunst und Gewerbe, Hamburg

143

Kanne mit Chinoiseriedekor, Kloster Veilsdorf, um 1770
Museum für Kunst und Gewerbe, Hamburg

Auch wenn sich die Qualität der Porzellanmasse nach 1765 in Kloster Veilsdorf entscheidend verbesserte, so bleibt für diese Manufaktur doch die Qualität der Bemalung das bestimmende Moment. Eine Spezialität scheinen Chinoiserien gewesen zu sein. In Museen wie im Handel stößt man immer wieder auf solche oder ähnliche Dekore. Und selten sind die Szenen vom Leben am Hof des Kaisers von China so detailliert dargestellt und in so leuchtenden Farben gemalt, wie es die Manufaktur Kloster Veilsdorf verstand. (Die Abbildung oben zeigt die Rückseite der Kanne.)

Zwei Tassen auf einer gemeinsamen Platte – diese Form des Frühstücksservices kommt selten vor. Für die Manufaktur in Gotha ist sie jedoch mehrfach belegt. Diese Manufaktur – 1757 gegründet und damit die älteste Thüringens – galt bereits im 18. Jahrhundert als eine der besten, und ihre Erzeugnisse wurden denen von Meißen, Berlin, Nymphenburg gleichgestellt. Das von drei Malern geführte Unternehmen brillierte mit hervorragender Malerei auf einer makellos weißen Glasur. Das zeigt auch der Blick auf das Tablett. Eine so duftige Malerei war selbst für Gotha nicht alltäglich.

Tête-à-tête, Gotha, 1775/80
Museum für Kunst und Gewerbe, Hamburg

Verschiedene Tassen vom letzten
Viertel des 18. Jahrhunderts

Obere Reihe von links
nach rechts:
KPM, um 1790
KPM, um 1780
Frankenthal, um 1760

Untere Reihe von links
nach rechts:
Frankenthal, um 1780
Gotha, um 1790
Pascha Weitsch, Fürstenberg,
1770/74
Volkstedt, um 1790
Alle Museum für Kunst und
Gewerbe, Hamburg

Gegen Ende des 18. Jahrhunderts begann man, Tassen zu sammeln, Einzelstücke in besonders schöner Ausführung, die als Erinnerungstassen meist in der Vitrine standen. Die hier zusammengestellten Tassen dienen allerdings einem anderen Zweck. Sie zeigen die stilistische Veränderung, den schrittweisen Übergang vom Louis XVI. zum Klassizismus. Das geschah eben nicht plötzlich und nicht an einem Ort. Für einige Details kann man indessen Frankreich als den Ursprung ausmachen. Zum Beispiel die gerade Tassenform läßt sich bereits 1752 in Vincennes nachweisen, doch erst mit dem geraden Henkel wird daraus die typische Form des Klassizismus. Mit den Dekoren verhält es sich ähnlich. Die schlichte Holzmaserung als Fond mit scheinbar aufgeklebten Stichen (Quodlibet) wurde ausgehend von Niderviller von vielen Manufakturen übernommen. Aber KPM in Berlin machte daraus ein elegantes Vogelahornfurnier. Von Sèvres übernahm Frankenthal bereits um 1760 diese kostbar wirkende Marmorierung in Dunkelblau. Noch um 1790 versuchte man in Volkstedt, grünlichen Marmor vorzutäuschen. Ton in Ton gemalte Landschaften in Medaillons waren eine Spezialität von Gotha, aber der Maler Pascha Weitsch verwendete als erster reale Landschaften, die durch eine Inschrift auf der Rückseite genau lokalisierbar sind.

Obwohl der neue Stil des Klassizismus sich mehr und mehr durchsetzte, gab man in vielen Manufakturen die alten Formen nur zögernd auf, zumal es ja auch die Überproduktion vergangener Jahre aufzuarbeiten galt. So wurde vielfach nur der Dekor modernisiert, die alten Modelle aber weiter verwendet.

Ein neuer Stil – kühler Klassizismus

Ganz allmählich wurde das Rokoko vom Klassizismus abgelöst. Dieser neue Stil, der sich ab 1760 langsam durchsetzte, entsprach dem Zeitgeist, der bestimmt wurde durch die Rückbesinnung auf die Prinzipien der Antike. Diese Entwicklung läßt sich auch am Porzellan ablesen.

Die Merkmale eines neuen Stils begannen sich nach 1760 langsam durchzusetzen – nicht nur in Meißen, sondern in allen Manufakturen. Der Siebenjährige Krieg hatte den Einfluß Meißens deutlich geschwächt und die Produktion beinahe zum Erliegen gebracht. Hoeroldt verbrachte die Kriegsjahre in Frankfurt am Main. Er und Kaendler waren alt geworden, die jüngeren durch die verworrene Lage verunsichert, viele waren abgewandert oder abgeworben worden. Trotzdem gab es in Meißen immer wieder Ansätze zu einer Produktion in alter Qualität oder gar Aufträge wie die des Königs von Preußen.

Doch die in den Jahren seit 1747 allenthalben in Deutschland gegründeten Manufakturen hatten ihre Zeit genutzt und die Qualität ihrer Produktion verbessert, ja einen eigenen Stil gefunden. Man ahmte Meißen nicht mehr ausschließlich nach. Der Blick ging längst auch nach Frankreich, zur königlichen Manufaktur in Sèvres, die zwar immer noch kein Hartporzellan herstellte, wo jedoch in aller Ruhe inzwischen die technische Entwicklung der Dekorfarben weitergegangen war. Hier in Sèvres spürt man auch in den fünfziger Jahren das Aufkommen eines neuen Stils. Oder besser: die langsame Verwandlung des überschwenglichen Rokoko in die gemäßigteren Formen des Louis Quinze, die schließlich in der Gradlinigkeit des Louis Seize endet, woraus in Deutschland der oft so nüchtern wirkende Klassizismus wird.

Einer Rückbesinnung auf Formen und Bildmotive der Antike verdankt der neue Stil Klassizismus seinen Namen. Die Entwicklung verlief in kleinen Schritten und oft genug bestanden das sich im Niedergang befindliche Rokoko und der aufstrebende Stil nebeneinander.

Doch was in Sèvres etwa in den fünfziger Jahren bereits entworfen wurde, übernahm man in den deutschen Manufakturen erst um 1770. Das sind zum Beispiel zylindrische oder konisch nach unten sich verjüngende Gefäßformen, die jedoch noch verschlungene oder einfache Ohrenhenkel hatten. In Deutschland erhielten sie gleich auch die passenden eckigen Henkel – in Höchst oder Frankenthal fügte man manchmal noch einen Bogen ein. Die gradwandige Tasse mit eckigem Henkel stand von nun an auf einem steilwandigen Unterteller. Diese schlichte Kombination hat sich bis in die Biedermeierzeit hinein bei allen Manufakturen gehalten.

Um 1780 ließ man sich durch antike Urnenformen zu Tassen auf hohem Fuß anregen. Die geschlossene Form wurde durch den Deckel erreicht, der auf Tassen wieder in Mode kam. Der Pinienzapfen ist ebenfalls ein antikes Motiv, er löst als Deckelgriff die kleine, halbgeöffnete Rose des Rokoko ab. Von Berlin ausgehend versah man Tassendeckel nun aber auch mit einem kleinen Lorbeerkranz als Griff.

Man tat jetzt gern so, als sei das Porzellan kein Porzellan, sondern etwas ganz anderes: Marmor etwa oder Porphyr. Noch befremdlicher für ein Porzellangefäß ist es, so zu tun, als sei es aus billigstem Holz mit nachlässig aufgeklebten Stichen – „Quodlibet" nennt man das. Manche Manufakturen – Frankenthal etwa oder Nymphenburg – brillierten mit einem Dekor, der die Gefäße wie mit einem Seidenstoff umhüllte. Das Porzellan wirkt wie in ein Kostüm gesteckt.

Um Prunkvasen schlingt sich hier und da eine mit strengem Faltenwurf drapierte Stoffbahn. Sie erscheint auch als Relief und ist als Randornament das bestimmende Dekormotiv am berühmten Kurlandservice von KPM.

Auch die Dekore ändern sich. Szenen aus der griechischen Mythologie gehören zu den Lieblingsthemen des Klassizismus. Gewöhnlich sieht man die antiken Götter auf deutschem Porzellan nur heroisch. Frivolität war bestenfalls bei der Venus erlaubt. Kopiert von französischen Kupferstichen à la Boucher war sie dabei Vorwand für kleine erotische Darstellungen. Gleichzeitig verloren die Putten des Rokoko ihre Verspieltheit: die Ausgrabungen in Pompei um 1760 hatten auf den Wandmalereien geflügelte Eroten zutage gebracht, die sich langsam auch auf Porzellan durchsetzten.

Ein anderes Dekorthema sind die Genreszenen mit derbem Herdenvieh, bäuerlichen Hirten und ärmlichen Katen. Tenier war hier das Vorbild. Ein Rückgriff auf das 17. Jahrhundert also, in dem der flämische Maler vor allem die ländliche Szenerie seiner Heimat festhielt. Solche Bilder vom einfachen Leben fügten sich nahtlos in den Geist der Zeit. Jean-Jaques Rousseau hatte mit seiner Forderung: „Zurück zur Natur" den Anstoß dazu gegeben.

Eine sehr deutsche Variante sind die realen, bäuerlichen Landschaften, die der Maler Pascha Johann Friedrich Weitsch um 1770 für die Manufaktur Fürstenberg auf Porzellan übertrug. Von 1757 bis 1774 war er für die Manufaktur tätig. Fürstenberg war zwar schon 1747 gegründet worden, doch erst der aus Höchst 1753 abgeworbene Johann Benckgraff setzte die Porzellanproduktion in Gang. Hier also wurden erstmals reale Landschaftsmotive als Dekor verwendet. Zwanzig Jahre später wurde es dann allgemein Mode, berühmte Ansichten als Dekor auf Erinnerungstassen oder ganzen Servicen anzubringen. Seitdem hat sich Porzellan als wirkungsvoller Werbeträger behauptet.

Die Landschaften, griechische Helden und Götter, Putten oder gar elegante Paare im zeitgenössischen Kostüm stehen nun frei ohne Rahmung auf der weißen Fläche. Es sei denn, für die Bildmotive sei eine Reserve im anderweitig eingefärbten Untergrund freigelassen. Neben Marmor- oder Stoffvortäuschung war vor allem der königsblaue Fond in Mode gekommen. In Sèvres hatte man das „bleu lapis" schon um 1756 erfunden, auf Hartporzellan war es jedoch nicht so einfach nachzumachen.

Abgesehen davon, daß man Szenerien jetzt vielfach frei auf die Fläche stellt, wird der Dekor von nun an sparsamer und vor allem symmetrisch über die Fläche verteilt. Girlanden eignen sich besonders gut für solche Symmetrie. Sie sind anfangs vorwiegend aus Blüten und Bändern zusammengestellt. Später greift man dann mehr und mehr zum schon in der Antike symbolträchtigen Lorbeer.

Mit dem symmetrisch angeordneten Dekor ändert sich auch die Schauseite der Tassen: sie liegt jetzt dem Henkel gegenüber. Solche Tassen wurden nämlich selten benutzt, sie standen meist „zur Schau" in der Vitrine, und dabei hätte ein sichtbarer Henkel die Symmetrie der Aufstellung empfindlich gestört. Man schenkte einander Tassen zur Erinnerung. Darauf weisen Sprüche, Daten, Medaillons mit Silhouetten, Initialen hin und dazu immer wieder das Vergißmeinnicht – als Girlande, Streublümchen oder in kleinen Sträußen. Diese unscheinbare Blume ist nicht erst im Biedermeier zum Symbol der Freundschaft geworden.

All diese Formen und Motive entwickelten sich weiter und blieben in verschiedenen Variationen auch im Empire und Biedermeier bestimmend. Doch viele Porzellansammler sind überzeugt, daß nur bis zum Ende des Rokoko wirklich edles Porzellan gefertigt wurde. Ganz sicher hat dieser zu Beginn des 18. Jahrhunderts für Europa „nacherfundene" Werkstoff ein halbes Jahrhundert lang die technische und künstlerische Kreativität der Menschen herausgefordert. Als man die Probleme dann endlich bewältigt hatte, wurde das, was einmal höfischer Luxus war, allmählich für bürgerliche Kreise erschwinglich. Die Formen und Dekore des klassizistischen Porzellans hatten keinen geringen Anteil an dieser Entwicklung.

Medaillon aus einem Unterteller von Seite 146/147

Die vornehme Zurückhaltung einer Ton in Ton gemalten Landschaft entsprach dem Geist des Klassizismus. Die Qualität der Malerei in der Manufaktur Gotha läßt eine solche Landschaft trotzdem „farbig" erscheinen.

Von links nach rechts: Kleinbüsten von Christoph Martin Wieland, Homer und Voltaire sowie dazwischen Medaillons zeitgenössischer Gelehrter; Fürstenberg, zwischen 1770 und 1786, Städtisches Reiss-Museum, Mannheim

Herzog Carl I. von Braunschweig-Lüneburg betrieb seit 1747 per Dekret die Einrichtung einer Porzellanmanufaktur in Fürstenberg. Was dort seit etwa 1755 produziert wurde, kann leicht neben den schönsten Stücken der anderen deutschen Manufakturen bestehen. Aber besonders die großen und kleinen Biskuitbüsten prägten das Bild der Manufaktur.

Insgesamt fand man hier in der Tat zu einem besonders klaren Klassizismus in den Serviceformen und ihren Dekoren. Die konisch sich verjüngende Tasse mit dem Bildnis Rousseaus geht auf ein Modell von 1778 zurück. Die ovale Teekanne hat viele ähnliche Schwestern mit rundem Grundriß. Der gerade Henkel und das Medaillon mit Silhouette sind typische klassizistische Motive. Der Pinienzapfen als Deckelknauf ist wie das Lorbeergehänge nach antikem Vorbild gestaltet.

Büste Herzog Carl I. von Braunschweig, Tasse und Kanne; Fürstenberg, um 1780 Städtisches Reiss-Museum, Mannheim

Gegen Ende des 18. Jahrhunderts wurde das intellektuelle Bürgertum zur kulturtragenden Schicht. Neben den Göttern und Helden der Antike wurden nun Dichter, Philosophen und Gelehrte als neue Geistesheroen verehrt. Die Manufaktur in Fürstenberg spezialisierte sich besonders auf diese neue Form der Heldenverehrung. Seit 1770 entstanden dort Büsten und Reliefmedaillons aus marmorimitierendem Biskuit, einer unglasierten Porzellanmasse. Dichter wie Homer und Philosophen wie Voltaire waren als Miniaturbüsten zu haben, während auf den Reliefmedaillons vorwiegend Professoren der Universitäten dargestellt wurden.

Auch in Höchst begann der neue Stil sich durchzusetzen. Die Formen wurden strenger, der Dekor sparsamer und vor allem wieder symmetrisch (Abbildung unten). Schleifen und das Band, an dem auf der Dose das Medaillon hängt, gehören noch zum ausgehenden Rokoko. Wie kleine antike Plastiken wirken die Griffe der Dose aus Höchst. Und dieser immer wieder zu beobachtenden Anlehnung an die ästhetischen Prinzipien der Antike verdankt der neue Stil seinen Namen: Klassizismus.

Porzellanmedaillons und Deckeldose mit Apostelköpfen; Höchst, 1770/75 Städtisches Reiss-Museum, Mannheim

*Présentoir;
Frankenthal, um 1770
Städtisches Reiss-Museum,
Mannheim*

Szenen aus der griechischen Mythologie gehören zu den Lieblingsthemen des Klassizismus. Auf deutschem Porzellan sieht man die Antike gewöhnlich nur heroisch. Frivolität war bestenfalls bei der Venus oder wie hier der Meeresgöttin Galathea auf ihrem Triumphzug erlaubt (kleine Abbildung oben). Ein französischer Kupferstich in der Art von Boucher diente vermutlich als Vorlage für die Bemalung dieses Tabletts.

Auf diesem Frühstücksservice für zwei weidet in den Bildflächen auf blauem Fond derbes Herdenvieh. Die Bilder des Malers Teniers dienten den Malern in Frankenthal als Vorbild. Teniers hielt vor allem die ländliche Szenerie seiner flämischen Heimat fest. Der Rückgriff auf das 17. Jahrhundert und auf Bilder vom einfachen Hirtenleben paßte zum Zeitgeist und zu Jean-Jaques Rousseaus Forderung: „Zurück zur Natur." Den dunkelblauen Fond konnte man erst in dieser Zeit in Meißen und Frankenthal herstellen. Zwar waren aus Sèvres schon seit 1756 solche Stücke an die befreundeten Höfe gelangt, aber trotz „Werkspionage" fand man die Technik lange nicht heraus.

*Tête-à-tête; Frankenthal, um 1770
Städtisches Reiss-Museum,
Mannheim*

153

1779 erschien bei KPM ein Service nach dem Vorbild von englischem Silbergerät: „vasenförmig mit Stäben". Mit einem Deckel wurde das Tassenmodell zu einer einzelnen Erinnerungstasse umgestaltet. Das auch hier verwendete Randornament, eine mit strengem Faltenwurf drapierte Stoffbahn, wurde 1780 zum Hauptmotiv des berühmten Kurland-Services.

Der Freundschaftskult dieser Zeit erschöpfte sich nicht in Erinnerungstassen. Sentimentale Liebes- und Freundespaare erscheinen sogar in den Medaillons dieser kleinen Bouillonterrine: Werther und Lotte, das Liebespaar aus Goethes vielgelesenem Briefroman. Das unglückliche Ende ihrer Liebe bewegte damals ganz Europa.
    Die Terrine selbst ist reiner Klassizismus. Sie ist urnenförmig, der Dekor ist symmetrisch verteilt, der Fond täuscht kostbaren Porphyr vor, die eckigen Henkel scheinen aus Bronze zu sein, die Medaillons sind von Girlanden umrahmt und an Schleifen aufgehängt.

Rechts ein typisches Frühstücksservice des Klassizismus mit seinen zylindrischen Formen und dem sparsamen Vergißmeinnichtdekor – typisch auch für die Manufaktur Gotha mit der minutiösen Malerei, und gleichermaßen typisch für Thüringen: Henkel und Deckelgriffe scheinen mit goldenen Schrauben befestigt. Stilgerecht aber auch in seiner Schlichtheit, denn am Ende des Jahrhunderts hatte Porzellan endgültig den Weg aus dem Glanz der Höfe in die Privatheit der Bürgerstuben gefunden.

Deckeltasse, KPM, um 1790
Städtisches Reiss-Museum, Mannheim

Bouillonterrine, Meißen, nach 1774
Museum für Kunst und Gewerbe, Hamburg

Solitaire, Gotha, um 1790
Privatbesitz

Deutscher Kaiser als Verkörperung Europas, aus einer Serie „Die vier Erdteile", Limbach um 1775
Museum für Kunst und Gewerbe, Hamburg

Eine Auswahl deutscher Museen mit schönen Sammlungen

Berlin-West
Schloß Charlottenburg
Große KPM-Sammlung im Belverde im Park

Berlin-Ost
Märkisches Museum
In der Hauptsache KPM-Porzellan

Kunstgewerbemuseum
Schloß Köpenik
KPM-Service für Friedrich den Großen, aber auch viele Stücke anderer Manufakturen

Braunschweig
Herzog-Anton-Ulrich-Museum
In der Hauptsache Porzellan aus der Manufaktur Fürstenberg

Darmstadt
Prinz-Georg-Palais
Wertvolle Porzellansammlung der hessischen Großherzöge; viele Stücke aus der landgräflichen Porzellanmanufaktur Kelsterbach, aber auch russisches Porzellan aus St. Petersburg

Düsseldorf
Schloß Benrath
Viele sehenswerte Stücke aus der Manufaktur Frankenthal

Hentjens-Museum
Spezialmuseum für keramisches Kunsthandwerk mit wichtiger, gut bestückter Porzellanabteilung

Eichenzell (Hessen)
Schloß Fasanerie
Porzellansammlung der Landgrafen von Hessen mit Stücken aus fast allen europäischen Manufakturen einschließlich Rußland; viele Stücke aus der nahen Manufaktur Fulda

Frankfurt am Main
Historisches Museum
Große Sammlung von Höchster Porzellan

Museum für Kunsthandwerk
Alle bedeutenden deutschen Porzellanmanufakturen mit typischen Beispielen ihrer stilistischen und formalen Entwicklung; teilweise Spitzenstücke

Fürstenberg (Weser)
Museum der Porzellanmanufaktur Fürstenberg
Breiter Querschnitt durch die Produktion der Fürstenberger Manufaktur von 1747 bis heute

Hamburg
Museum für Kunst und Gewerbe
Bedeutende Sammlung europäischen Porzellans, insbesondere Thüringer Porzellan; leider zum Teil im Magazin

Ludwigsburg (Baden-Württemberg)
Schloß Ludwigsburg
Eindrucksvolle Sammlung von Ludwigsburger Porzellan

Mainz
Mittelrheinisches Landesmuseum
Große Sammlung von Höchster Porzellan

Mannheim
Städtisches-Reiss-Museum
Die wohl umfangreichste Sammlung von Frankenthaler Porzellan; ebenfalls bemerkenswerte Sammlung von Meißener Porzellan, allerdings zu großen Teilen im Magazin; viele sehenswerte Stücke anderer Manufakturen

München
Residenz
Neben schönem asiatischen Porzellan vor allem Stücke aus Meißen, Nymphenburg, Frankenthal und Sèvres

Schloß Nymphenburg
Im Marstallmuseum im Park die eindrucksvolle Sammlung von Nymphenburger Porzellan der Familie Bäuml

Bayerisches Nationalmuseum
Ebenfalls bedeutende Sammlung von Nymphenburger Porzellan; auch andere Manufakturen, besonders Meißen

Schloß Lustheim (Schleißheimer Park)
Sammlung Stiftung Schneider; bedeutendste Sammlung von Meißener Porzellan in Westdeutschland

Niederbühl (Baden-Württemberg)
Schloß Favorite
Immer noch sehr vollständige Sammlung asiatischen Porzellans; auch seltene Stücke aus der frühen Meißener Produktion

Stuttgart
Württembergisches Landesmuseum
Sehenswerter Querschnitt durch alle europäischen Manufakturen einschließlich Rußland

Wallerstein (Bayern)
Schloß Wallerstein
Liegt an der Romantischen Straße; außergewöhnlich schöne Porzellansammlung der Fürsten von Öttigen

Eine Tee- und zwei Kaffeekannen, Ludwigsburg, 1770/1790
Schloß Ludwigsburg, Württembergisches Landesmuseum, Stuttgart

Personen- und Sachregister

*Knabe als Sultan kostümiert,
Johann Peter Melchior,
Höchst um 1770
Städtisches Reiss-Museum,
Mannheim*

Alter gelber reicher Löwe 26, 28
Antikzierat 99
Arkanum 74, 88
August der Starke, König von Sachsen 9, 10, 11, 19, 23, 25, 26, 39, 44, 74

Barbeaublume 96, 97
Benckgraff, Johann 88, 89, 149
Bergdoll, Adam 112
Berliner Manufaktur siehe KPM
Beyer, Johann Christian Wilhelm 125, 130
Biskuitporzellan 96, 151
Blanc-de-Chine 9, 10, 23
Blau-Weiß-Porzellan 10, 34
Blaublümchenmuster 34
bleu lapis 149
bleu mourant 106
Böttger, Johann Friedrich 10, 11, 21, 23, 48, 74
Böttgerporzellan 19, 23
Böttgersteinzeug 11, 21, 50
Boucher, Etienne-Nicolas 101, 104, 148, 152
Brandenstein, Graf von 49, 57
Brandenstein-Relief 28, 49, 57, 58, 89
Brehm, Johann Adam 136
Breidbach, Emmerich Joseph von 88
Breslauer-Stadtschloß-Service 98/99
Brokatmuster 27, 33
Brühl, Graf von 45, 58, 60
Brühl'sches Allerlei 58, 59
Bustelli, Franz Anton 74, 75, 76, 78, 81

Carl Eugen, Herzog von Württemberg 123, 124, 125, 129
Carl I., Herzog von Braunschweig-Lüneburg 151
Carl Theodor, Kurfürst von der Pfalz 112, 113, 115
Charlotte Mathilde, Königin von Württemberg 133
Chinoiserie 37–45, 101, 145
Clemens-August-Service 64, 68

Dekor „en terasse" 109
Dekor „en treillage" 61
Deutsche Blume 66 f., 69

Du Paquier, Claudius 74
Dulong-Relief 49, 61
Dümmler, Johann Georg 137

Eierschalenporzellan 14

Famille-rose-Dekor 9, 19
Federviehdekor 83
Feilner, Simon 89, 90, 92, 112
Fels-Vogel-Dekor 23, 26
Fliegender Fuchs 26, 33
Fliegendes Eichhörnchen 26, 33
Fo-Hund 20, 41
Fondglasur 44
Fondporzellan 44, 51
Frankenthal 89, 95, 110–121, 124, 147, 148, 152, 159
Friedrich II., König von Preußen 49, 67, 99, 100
Friedrich Wilhelm Eugen, Prinz von Sachsen-Hildburghausen 136
Friedrich Wilhelm II., König von Preußen 106
Fürstenberg 27, 88, 89, 90, 103, 112, 149, 151

Gabel, Johann Georg 136
Gebrochener Stab 34, 49
Geflügelter Drache 26, 30, 31
Gera 137, 142
Goldspitzen-Dekor 40
Göltz, Johann Christoph 88
Gotha 136, 145, 147, 149, 154
Gotzkowsky, Johann Ernst 49, 58, 100, 103
Gotzkowskys erhabene Blumen 58, 100
Greiner, Gotthelf 137, 140
Greiner, Johann Andreas 137
Greiner, Johann Georg Wilhelm 137
Greiner, Johann Gottfried 137
Greiner, Wilhelm 136
Grieniger, Johann Georg 100
Grisaille-Malerei 87, 133
Grüner Löwe 31

Haimhausen, Graf von 74
Hamann, Johann Georg 137
Hannong, Joseph Adam 112
Hannong, Paul Anton 111, 112
Hannongs 88, 113, 115
Hartporzellan 11, 112, 148, 149

Herold, Christian Friedrich 39
Höchst 30, 74, 86–97, 112, 113, 119, 124, 148, 151, 158
Hoeroldt, Johann Gregor 37–45, 47, 48, 66, 148
Hoeroldt-Chinoiserie 37–45
Hofservice 26, 27, 28, 29, 136
Holzapfel, Karl 136
Holzschnittblume 65, 68, 69

I-hsing-Steinzeug 20, 21
Ilmenau 137
Imaristil 9, 16, 27, 32
Indianische Blume 40, 60, 66, 68
Inselstil 41

J-förmiger Henkel 49
Jenner, Johann von 121
Jenner-Service 120/121

Kaendler, Johann Joachim 34, 39, 45, 49, 51, 53, 55, 57, 60, 62, 75, 148
Kakiemonstil 9, 17, 26, 27, 28, 29, 31, 32
Kauffahrteiszene 39, 44, 47, 51, 62
Klassizismus 49, 67, 70, 89, 96, 101, 106, 107, 113, 136, 146–155
Kloster Veilsdorf 136, 139, 142
Königliche Porzellan Manufaktur siehe KPM
KPM 98–109, 140, 145, 147, 148, 154
Kretzschmar, Johann David 35
Küchelbecker, Karl Heinrich 132
Kurlandservice 148, 154

Lancret, Nicolas 39
Lanz, Johann Wilhelm 112, 115
Laubengruppe 92, 115, 116
Lejeune, Pierre François 125
Lerch, Joseph 82
Limbach 34, 137, 139, 140, 156
Linck, Konrad 113, 118
Louis, Jean Jaques 125, 130
Löwenfinck, Adam Friedrich von 30, 88
Lück, Carl Gottlieb 89, 116, 159
Lück, Johann Friedrich 89, 95, 112, 115, 116

Ludwig XV., König von
   Frankreich 112, 113
Ludwigsburg 82, 122–133, 157

Maas, Johann Heinrich 88
Macheleid, Georg Heinrich 136
Manierblume 67, 70, 113, 126
Marseille-Muster 49
Maskaron 48, 53, 57
Meißen 8–47, 73, 74, 88, 90, 95, 99, 100, 112, 113, 124, 136, 137, 140, 145, 148, 152
Meißener Rose 67, 70
Melchior, Johann Peter 89, 95, 113, 119, 158
Meyer, Friedrich Elias 100, 103, 104
Meyer, Wilhelm Christian 104
Möllendorf, General von 49
Möllendorf-Service 67, 99
Münnich, General Graf von 56

Natürliche Blume 67
Neu, Wenzel 139
Neu-Brandenstein 49
Neuglatt 104, 107
Neu-Ozier 49
Neuzierat 106
Niedermeyer, Franz Ignaz 74
Nonne, Christian 136
Nymphenburg 72–85, 89, 113, 124, 145, 148

Ohrenhenkel 48, 51, 53, 85
Ombrierte Holzschnittblume 66, 68
Opstein, Johann Friedrich Carl von 88

Ordinair-Ozier 48
Ostein, Friedrich Carl 90
Ozier 49, 57, 58, 124

Pastichedekor 84, 85
Permoser, Balthasar 11
Porzellanschlößchen 9
Potsdamer Service 100, 101, 104
Preußisch-musikalisches-Dessin 67

Quodlibet 147, 148

Rauenstein 137, 140
Reisigheckendekor 26, 32, 137, 140
Reliefzierat 101, 103, 104
Riedel, Gottlieb Friedrich 82, 123, 124, 125, 126, 129
Ringler, Joseph Jakob 74, 88, 124
Rotberg, Wilhelm Theodor von 136
Roter Hofdrache 26, 29
Russinger, Laurentius 89, 92

Schloß Favorite 9, 12
Schneeballdekor 62
Schneeballservice 49
Schulz, Christian 136
Schulze, Johann Friedrich 109
Schuppenrelief 124, 126
Schwanenservice 49, 60
Sèvres 89, 106, 112, 147, 148, 149, 152
Sibylla Augusta, Markgräfin von Baden 9, 12, 19

Stadler, Johann Ehrenfried 38
Steinkopf, Johann Friedrich 123, 124
Stoffmusterdekor 85
Stöltzel, Samuel 38, 74
Straßburg 30, 74, 111, 112, 113, 115, 124
Streublümchendekor 67
Strohblumenmuster 27, 34, 137
Sulkowski, Graf von 48, 56
Sulkowski-Ozier 31, 48, 56, 58

Thüringer Manufakturen 27, 134–145
Thüringer Porzellan 136–145
Trockene Blume 66, 69

Veilsdorf siehe Kloster Veilsdorf
Vogelservice 106, 113, 120
Volkstedt 135, 136, 139, 142, 145, 147

Wallendorf 137, 139, 142
Watteau, Antoine 39, 45, 101
Watteaudekor 39
Watteaupaare 39, 44, 45
Wegely, Wilhelm Caspar 100, 103
Weichporzellan 112
Weitsch, Pascha Johann Friedrich 147, 149
Wittelsbach, Clemens August von 65

Zächenberger, Josef 75, 81
Zwiebelmuster 10, 23, 25, 27, 35

*Tafeldekoration Parforcejagd,
Carl Gottlieb Lück,
Frankenthal um 1770
Städtisches Reiss-Museum,
Mannheim*

In gleicher Ausstattung sind im FALKEN Verlag erschienen:
Seidenmalerei in Vollendung
Kochen in höchster Vollendung

Diesem Buch liegen 15 ausgewählte Filmthemen und die Gesamtkonzeption der Reihe „Rund ums Zwiebelmuster" zugrunde. Neben Margot Lutze wirkten an der Gestaltung dieser Filme mit:
Anna Robeck als Autorin (Fürstenberg, Ludwigsburg und Höchst), Danielo Devaux als Realisator von 5 Filmen, Hans-Dieter Schaier als Kameramann von 9 Filmen und Rami Cohen als Kameramann von 5 Filmen.
Beim SFB-Beitrag (KPM) war Gina Angress Autorin, Erhard Kühne Kameramann. Die Leitung aller Sendungen hatte Heinz Grossmann.

Abbildung Seite 2/3: Porzellankabinett im Schloß Charlottenburg, Berlin, um 1706 erbaut

CIP-Titelaufnahme der Deutschen Bibliothek

Edles Porzellan: rund ums Zwiebelmuster / Margot Lutze.
Nach e. Idee von Heinz Grossmann. Fotogr. von Erich Lessing. –
Niedernhausen/Ts.: FALKEN, 1989
  (FALKEN exklusiv)
  ISBN 3-8068-4437-2
NE: Lutze, Margot [Mitverf.]; Lessing, Erich [Ill.]

ISBN 3 8068 4437 2

© 1989 by Falken-Verlag GmbH, 6272 Niedernhausen/Ts.
Titelbild: Prof. Erich Lessing, Wien
Fotos: Prof. Erich Lessing, Wien
Fotografische Assistenz: Klaus Vyhnalek
Fotos auf Seite 74, 75 und 81 unten: Schloß Nymphenburg, Porzellansammlung Bäuml, Bayer. Verwaltung der staatl. Schlösser, Gärten und Seen, München.
Satz: LibroSatz, Kriftel bei Frankfurt
Druck: New Interlitho S. P. A., Trezzano S. N. (Italy)